Henk Stoorvogel & Theo van den Heuvel

G-KRAFT
DURCHSTARTEN MIT DER KRAFT GOTTES

Über die Autoren

Henk Stoorvogel ist Pfarrer in Zwolle, Niederlande, in einer der größten Gemeinden des Landes. Er ist Gründer und Direktor der international tätigen christlichen Bewegung „Der 4te Musketier". Stoorvogel ist ein gefragter Redner auf Männertagen und Konferenzen. Er ist verheiratet und Vater von vier Kindern.

Theo van den Heuvel war fünf Jahre Direktor von „Athletes in Action" und ist heute Pfarrer in Groningen, Niederlande. Er ist bekannt als inspirierender und kreativer Redner. Theo ist verheiratet und Vater von zwei Söhnen und zwei Töchtern.

Henk Stoorvogel
Theo van den Heuvel

KRAFT

Durchstarten mit der Kraft Gottes

Aus dem Niederländischen
von Melissa Schillings

GerthMedien

INHALT

LEBEN MIT G-KRAFT

VORWORT

Ihr werdet Kraft erhalten,
wenn der Heilige Geist über euch kommt
und ihr werdet meine Zeugen sein …
Apostelgeschichte 1,8

Gott will, dass wir ein Leben in Kraft führen. Unser Alltag sieht aber oft anders aus. Wir haben es mit Stapeln voller Arbeit, Deadlines, Terminen, Telefonaten, Facebook-Mitteilungen und unserem permanent klingelnden Smartphone zu tun. Es lastet ein ständiger, teilweise selbst auferlegter Druck auf unserem Leben, der unseren natürlichen Rhythmus durcheinander und bis hin zum Erliegen bringen kann. Allein die zahlreichen Optionen, denen wir tagtäglich gegenüberstehen, Entscheidungen zu treffen, können mit der Zeit dazu führen, dass wir uns völlig verfranzen. Und bevor wir es überhaupt merken, wird aus dem „Können" ein „Müssen". „Freude" wandelt sich in „Chaos". Und aus „Kraft" wird „Schwäche". Doch dass wir uns immer weiter durch das Leben wie durch einen Nebel aus lauter Misserfolgen hindurchschleppen, ist nicht Gottes Wunsch für unser Dasein. Vielmehr will er, dass wir von Kraft zu Kraft und von Sieg zu Sieg voranschreiten.

Das Geheimnis eines krafterfüllten Lebens

Wir sind überzeugt, das Geheimnis eines krafterfüllten Lebens beginnt mit Gott, der Quelle aller Kraft, und einer tiefen Beziehung zu ihm. Im Psalm 92,11 heißt es: *„Doch mir gibst du Kraft, wie ein wilder Stier sie hat; du schenkst mir Freude und neuen Mut. "* Über Simson, den Richter im Alten Testament, wird berichtet, dass Gott ihn mit einer übermenschlichen Kraft segnete. Und von David hören wir später die Worte: *„Du, Herr, hast mir die Kraft für diesen Kampf gegeben, du hast mir zum Sieg über meine Gegner verholfen. "* 2. Samuel 22,40

An vielen Stellen der Bibel lesen wir, wie Menschen Gott um Kraft bitten und wie er sie ihnen verleiht. Wenn wir aber versuchen, unser Leben aus eigener Kraft zu führen, werden wir relativ schnell in einen Sumpf der Schwerfälligkeit gezogen. Wir planschen dann inmitten einer Mischung aus Freude und Kummer, Hochgefühl und Leid, Erfolg und Niederlage, in der Hoffnung, dass sich eines Tages alles wieder bessern wird.

So unterwegs zu sein, wird mit etwas Pech ein Leben voller Geschiebe und Gezerre, dass sich überhaupt etwas bewegt. Man versucht voranzukommen und stellt irgendwann fest, dass die eigene Kraft einfach nicht ausreicht. Und dann stellt sich auf einmal der Gedanke ein, auf der Verliererseite zu stehen.

Das Leben ohne Gott zu bestreiten, ist wie mit Minimalkraft unterwegs zu sein; es ist im besten Fall gewöhnlich. Nur auf die eigene Kraft zu setzen, ist wie mit nur einer Kraft, die einem Schub und Antrieb verleiht, unterwegs zu sein. Gott aber möchte unserem Leben viel Kraft verleihen, sodass wir einen enormen und gewaltigen Schub erfahren, mit dem wir über das Gewöhnliche hinaufsteigen und ein Leben in Freude und Freiheit führen können.

Das Geheimnis der vier „G"

Theo und ich haben im Laufe der Jahre unserer Tätigkeit als Pastoren und als Gründer der Bewegung „Der 4te Musketier" (www.de4emusketier.nl) oft das Vorrecht gehabt, bei vielen Menschen hinter die Kulissen ihres Lebens blicken zu dürfen. Ihre Erzählungen, kombiniert mit dem, was wir mitbringen an persönlicher Geschichte und unserem Wissen über Gottes Wort, haben uns gelehrt, dass es vier Lebensbereiche gibt, die entscheidend dafür sind, ob ein Mann oder eine Frau ein von Kraft erfülltes Leben führt. Sie beginnen alle mit dem Buchstaben „G":

Gott: die Kraft durch die persönliche Beziehung mit Gott
Gemeinschaft: die Kraft gesunder Beziehungen
Gemeinde: die Kraft durch den Dienst in der Gemeinde
Gerechtigkeit: die Kraft durch das Einstehen für Benachteiligte

Eine gesunde Balance dieser vier Bereiche lässt einen Menschen bei Rückschlägen und Misserfolgen wieder aufstehen und Spannkraft an den Tag legen, wenn der Druck im Leben zunimmt.

Im Rahmen der „Charakterwochenenden" (geistlich geführte Outdoor-Wochenenden) und der „Muskathlons" (Spendenläufe) von „Der 4te Musketier" spielen die vier „G" stets eine bedeutende Rolle. Denn wir fordern Männer – und während der Muskathlons mittlerweile auch Frauen – dazu auf: Gott anzubeten und Nachfolge zu leben, Verantwortung für die Familie und Beziehungen im Allgemeinen zu übernehmen, mitzuhelfen Gemeinde zu bauen und sich beim Kampf für Gerechtigkeit in der Welt zu engagieren. Und immer wieder haben wir dabei erleben dürfen, wie ein Leben mit den vier „G" sowohl bei Männern als auch bei Frauen eine gewaltige Kraft, einen enormen Schub, freisetzt. Es beginnt meist in kleinen Schritten, beispielsweise sich zu entscheiden, eine festgefahrene Beziehung zum Partner oder zu Gott wieder zu beleben, woraufhin schon bald neue Freude und Kraft in das Leben hineinströmen. Diesem ersten Schritt folgen meist weitere und oftmals kühnere.

In diesem Buch stellen wir dir diese vier Lebensbereiche in Form der vier „G" vor. Im Vorfeld haben wir uns viele Gedanken darum gemacht, was für uns alles dazugehört. Anschließend haben wir uns die Schreibarbeit geteilt. Henk hat die ersten sechs Kapitel – über Gott und Familie – verfasst und Theo die letzten sechs – über Gemeinde und Gerechtigkeit. Das wirst du auch an den Beispielen aus unserem Leben merken, denn wir werden dir einige ganz persönliche Dinge erzählen. Nur eins noch solltest du wissen: Uns geht es nicht darum, dir mit diesem Buch eine Anleitung an die Hand zu geben, was du in deinem Leben mehr tun oder lassen solltest. Stattdessen wollen wir dich herausfordern, selbst Verantwortung zu übernehmen für die Kernwerte deines persönlichen Lebens und diese neu auszurichten. Wir jedenfalls sind fest davon überzeugt, dass inmitten all der Dinge, die in unserem Leben wichtig sind, diese vier „G" von besonderer Bedeutung sind und deutlich herausragen. Sie bilden die wesentlichen Bereiche unseres Lebens als Christ ab. Ist beispielsweise deine Haltung und Beziehung zu Gott, der Familie, der Gemeinde und zur Gerechtigkeit gut aufgestellt, werden zahlreiche andere Aspekte deines Lebens davon profitieren, und sie erfahren ihren entsprechenden Stellenwert. Durchzustarten mit den vier „G" bedeutet also keine extra Arbeit, die du zu leisten hast. Vielmehr offenbaren die vier „G" eine Dynamik, das Leben auf die Art und Weise kennenzulernen, wie Gott es für Menschen vorgesehen hat.
Wir wünschen dir, dass du durch das Lesen dieses Buches dahin kommst, die vierfache „G-Kraft" in deinem Leben freizusetzen und zu erfahren!

Henk Stoorvogel und Theo van den Heuvel

G

GOTT

Für jeden, der ein erfülltes und kraftvolles Leben führen möchte, ist es entscheidend, mit der Quelle aller Kräfte in Verbindung zu stehen: mit Gott. Die Bibel erzählt in vielen Geschichten von der Beziehung zwischen Gott und den Menschen. Durch sie wird erkennbar und erfahrbar, wer Gott ist. Und jeder, der sich in ihnen vertieft, wird in der Lage sein, Geschehnisse des eigenen Lebens besser verstehen und deuten zu können.

Gott offenbart sich uns Menschen in der Bibel in seiner Dreieinigkeit: Vater, Sohn und Heiliger Geist. In diesem Sinne ist Gott wie eine oberste Instanz, wobei die verschiedenen Personen der Dreieinigkeit sich einander zur Seite stehen und mit einer Stimme sprechen. Zwischen ihnen herrscht eine tiefe Gemeinschaft, in der sich Liebe, Leidenschaft und Kreativität anstauen bis in eine für uns Menschen unfassbare Größe. Und wir dürfen diesen Gott kennenlernen als Vater. Wir werden angezogen davon, Jesus immer ähnlicher zu werden. Und wir streben danach, ein Leben zu führen, das erfüllt ist vom Heiligen Geist.

UNSER VATER
IM HIMMEL
KAPITEL 1

Vor nicht allzu langer Zeit starb Wim Stoorvogel, mein (Henk)
Vater. Im Alter von 68 Jahren wurde er nach kurzer, aber schwerer
Krankheit von Gott in die Herrlichkeit gerufen. Während der Zeit
des Abschiednehmens und der Trauer stellte ich fest, welch entscheidende Rolle mein Vater in meinem Leben gespielt hatte. Mit
einem Stich voller Wehmut erinnerte ich mich an all meine entscheidenden Volleyballspiele, bei denen mein Vater als Zuschauer
da war, um mich kämpfen zu sehen – selbst wenn er hierfür eine
lange Anreise auf sich nehmen musste. Ich verharrte gedanklich
bei unseren Familienurlauben in Frankreich, den Wandertouren
durch die Berge und den Gesprächen, die mein Vater und ich über
Gott, die Kirche und den Glauben hatten. Aber eine Sache über-
ragte alle anderen Erinnerungen: Ich nahm Abschied von dem
Mann, der mich als seinen Sohn angenommen hatte und der mein
Vater geworden war.

Mein leiblicher Vater hatte meine Mutter verlassen, als sie mit mir
schwanger war. Die ersten beiden Jahre meines Lebens verbrachte
ich also als Halbwaise, bevor Wim Stoorvogel in mein Leben trat.
Und er machte mir das größte Geschenk, das ich nur bekommen
konnte: Er wurde mein Vater, indem er mich als seinen Sohn
adoptierte. Später bekamen mein „neuer" Vater und meine Mutter

noch vier weitere Kinder, aber nicht eine Sekunde habe ich mich gegenüber meinen Geschwistern zweitrangig gefühlt. Wim hatte mich genauso angenommen wie seine leiblichen Kinder. Für den Rest meines Lebens werde ich ihm dankbar sein für dieses wunderbare Geschenk, das er mir machte: seine Vaterschaft.

Stolperstein oder ansprechende Idee?

Um es direkt auf den Punkt zu bringen: Gott will, dass wir ihn als den himmlischen Vater kennen. Von Anbeginn der Zeit richtete er sein Wirken und Tun darauf aus, eine Vater-Kind-Beziehung mit uns Menschen zu entwickeln.

Durch meine langjährige Erfahrung als Pastor weiß ich aber, dass für viele Männer die Vaterschaft Gottes ein sehr sensibles Thema ist. Weil sie dabei nicht selten erinnert werden an ihren eigenen Vater und ihre Beziehung zu ihm. Und je nachdem, wie sich dieses irdische Vater-Sohn-Verhältnis darstellt, kann es ein Stolperstein sein, um überhaupt Gott als einen liebenden Vater kennenzulernen.

Väter können so viel falsch machen: Sie können übertrieben dominant sein, durch Abwesenheit oder Verschlossenheit in der Familie ihre Rolle verfehlen oder verschiedensten Süchten oder Grausamkeiten erliegen. Dinge, die bei Kindern Abneigung auslösen und sie seelisch auf Distanz gehen lassen. Vielleicht hattest du sogar selbst mit einem Vater zu tun, der dich misshandelt, verachtet oder missbraucht hat, weshalb du den Gedanken, Gott als Vater kennenzulernen, eher unangenehm empfindest. Trotzdem hoffe ich, dass dieses Kapitel dir dabei hilft, dich von dem, was dir widerfahren ist, zu lösen, auf dass du erste Schritte wagen kannst hin zum Vaterherz Gottes.

Andererseits kann es natürlich auch sein, dass du einen Vater hattest, der immer für dich da war und der dich in den unterschiedlichen Phasen deines Lebens stets liebevoll begleitet hat. Vielleicht spricht dich daher das Bild von Gott als himmlischen Vater besonders an. Doch selbst wenn du ein fantastisches Verhältnis zu deinem eigenen Vater hast, ist es wichtig, die Beziehung zu Gott, dem himmlischen Vater, wieder oder vielleicht zum allerersten Mal auszurichten. Denn es kann gut sein, dass dir Gott eine neue Tiefe und Intensität in deiner himmlischen Vater-Kind-Beziehung bescheren will. Schaue dir einmal in der Bibel an, wie er selbst Vaterschaft versteht.

Was Gott will …

Wenn von Gott als Vater die Rede ist, denken viele meist an die erste Person der Dreieinigkeit. Das kommt daher, weil wir meist klassisch unterscheiden zwischen: Vater, Sohn und Heiliger Geist und den drei göttlichen Personen dadurch viel zu schnell eine jeweilige Rolle zuschreiben. Die erste Person ist dann Gott, der Vater, die zweite Jesus, der Retter und die dritte der Heilige Geist, der in uns wohnt. Gott in seiner *Drei*-einigkeit bleibt jedoch ein Mysterium, ein Geheimnis. Und das gilt ebenso für die Tatsache, Gott als Vater zu kennen. Die Bibel stellt uns nämlich, bedingt durch die Dreieinigkeit, Gott, den Schöpfer, sowohl als Jesus wie auch als eine Vaterfigur vor. Und Gott möchte, dass wir sowohl die erste als auch die zweite Person seiner Gottheit als Vater kennenlernen.

Von Beginn an wird Gott in der Bibel als himmlischer Vater vorgestellt.

Mose sagt: *Daran könnt ihr erkennen, dass der Herr, euer Gott, es gut mit euch meint. Er erzieht euch wie ein Vater seine Kinder.* 5. Mose 8,5

David singt: *Wie ein Vater seine Kinder liebt, so liebt der Herr alle, die ihn ehren.* Psalm 103,13

Und Jesaja betet: *Du bist doch unser Vater! Abraham weiß nichts von uns, und auch Jakob kennt uns nicht. Du, Herr, du bist unser Vater. „Unser Erlöser" – so hast du von jeher geheißen.* Jesaja 63,16

Die Kränkung des Vaterherz Gottes

Mose, David und Jesaja bringen die Vaterschaft Gottes mit seinen Rollen als Erzieher und Beschützer in Verbindung und machen sie an seiner Liebe fest. Dabei geht es nicht nur um einzelne und unzusammenhängende Begebenheiten. Gottes wie auch Israels gesamte Geschichte zeigt, dass Gott sein Volk als seine Kinder ansieht und dass er sich danach sehnt, von ihnen als Vater wahrgenommen zu werden, selbst dann, wenn sie dieses Verlangen nicht teilen. Das Buch Jeremia bringt dieses schmerzvolle und einseitige Verhältnis zur Sprache. In den ersten Kapiteln werden wir Zeugen einer Diskussion zwischen einem gekränkten Vater und seinen rebellischen, undankbaren Kindern. Ein Bild dafür, wie Gott Israel daran erinnert, wie er über die Jahre für das Volk kämpfte und dafür sorgte, es in ein fruchtbares Land zu führen und vor Gefahren zu beschützen.

Israel, ich wollte dich als mein Kind annehmen und dir ein herrliches Land geben, das prächtigste weit und breit. Ich dachte, du würdest mich dann „Vater" nennen und dich nicht mehr von mir abwenden. Jeremia 3,19

Spürst du, wie enttäuscht Gott ist? Jahr für Jahr gab er sich alle Mühe, das Herz seines Volkes zu erobern und mit seinen Auserwählten eine Vater-Kind-Beziehung haben zu können.

Doch wie eine Frau ihren Mann betrügt, so bist auch du mir untreu geworden. Jeremia 3,20

Jahrhunderte später erschallt ein ähnlicher väterlicher Gefühlsausbruch – nur dieses Mal aus dem Mund von Jesus. Dazu sei gesagt, dass es an dieser Stelle wichtig ist, Jesus selbst – durch die Dreieinigkeit Gottes – auch als „ewigen Vater" zu verstehen. Der Vorfall findet in Jerusalem am Ende von Jesu Leben statt, als sich die Ereignisse überschlagen. Jesus ruft dort:

Jerusalem! O Jerusalem! Du tötest die Propheten und erschlägst die Boten, die Gott zu dir schickt. Wie oft habe ich deine Kinder sammeln wollen, so wie eine Henne ihre Küken unter ihre Flügel nimmt! Aber ihr habt es nicht gewollt. Matthäus 23,37

Gott ist es wichtig, wie wir über ihn denken. Es macht ihm etwas aus. Ja, es berührt ihn. Und wenn wir seine Vaterschaft verneinen, sie als unwichtig abtun oder wir uns von ihr abwenden, trifft ihn das. Gott sehnt sich danach, dass wir ihn als unseren himmlischen Vater verstehen. Nur was bedeutet es, Gott als eben diesen Vater kennenzulernen? Um dem auf die Spur zu kommen, möchten wir dir drei wesentliche Eigenschaften Gottes aufzeigen: seine Allmacht, seine Allwissenheit und seine Allgegenwart. Und wir können uns gut vorstellen, dass du dir diese gewaltigen Begriffe erst ein paar Mal genauer vor Augen führen musst, bevor sie zu dir durchdringen. Und sicher fragst du dich: Was haben solche nicht gerade einfachen theologischen Begriffe mit der Vaterrolle Gottes zu tun?

Gott kann alles, weiß alles und ist immer da

Wenn ich (Henk) über meine Kinder nachdenke und darüber, wer ich in ihren Augen bin, habe ich oft das Gefühl, für sie eine Art

Superheld zu sein. Sie denken von ihrer kindlichen Perspektive aus: „Papa kann alles, Papa weiß alles und Papa ist immer da." Und nichts anderes bedeuten die drei theologischen Begriffe Allmacht, Allwissenheit und Allgegenwart: Gott kann alles, er weiß alles und er ist immer da.

Gott ist ein Vater, der alles kann

Gott ist allmächtig. Das bedeutet, es gibt nichts auf der Welt, das Gott nicht tun könnte. Abgesehen natürlich von den Dingen, die seinem Charakter widersprechen. Denn Gott kann weder lügen oder verführt werden noch sich selbst verleugnen. Gott, der Schöpfer des Himmels und der Erde, ist ein Gott „aus einem Guss" und bleibt derselbe gestern, heute und in Ewigkeit.

Als Menschen leben wir auf der Erde, die eine prächtige Schöpfung von Gottes Größe und Macht ist – mit Bergen, Meeren, Wäldern, Seen. Alles wurde von Gott in einer unvorstellbaren Schönheit und strahlenden Vielfarbigkeit geschaffen. Und wir haben von Gott den Auftrag bekommen, diese Schöpfung mit größter Mühe und Hingabe zu pflegen. Gleichzeitig denken wir gerne, in einer Zeit voll technologischen Fortschritts, dass wir als Menschen einiges erreichen können. Die Wahrheit jedoch ist, dass wir Menschen im Hinblick auf die Größe des Universums nicht mehr sind als Ameisen, die versuchen, den Mount Everest zu erklimmen. Unsere Fähigkeit, etwas zu erschaffen oder zu entwickeln, kommt in keiner Weise an die ungeheure Schöpfungskraft Gottes heran.

Wie unermesslich groß sie sein muss, können wir nur erahnen, wenn wir einen Blick auf unser Sonnensystem werfen. Mit unserer Erde, einem kleinen verletzlichen Planeten, befinden wir uns darin, inmitten einer „sicheren Höhle". Angestrahlt und gewärmt wird unsere Erde von der Sonne, die in einer Sekunde mehr

Energie produziert, als alle Menschen seit Entstehung der Welt jemals produziert haben. Die Sonne ist so groß, dass Millionen von Weltkugeln hineinpassen würden. Und dennoch ist die Sonne bloß ein mittelgroßer Stern von Hundertmilliarden Sternen der Milchstraße. Ein anderer dieser Sterne ist der „Pistolenstern". Er strahlt in 20 Sekunden so viel Energie aus wie die Sonne in einem Jahr. Und er ist von seinem Volumen her so groß, dass etwa eine Million Sonnen in ihm Platz hätten.

So geht es immer weiter. Es ließen sich noch etliche Beispiele finden, um die Größe des Universums zu beschreiben, denn die Milchstraße ist nur eins von Milliarden Sonnensystemen und zudem ein kleines. Der Prophet Jesaja fasst das Ganze in folgende Worte:

Blickt nach oben! Schaut den Himmel an: Wer hat die unzähligen Sterne geschaffen? Er ist es! Er ruft sie, und sie kommen hervor; jeden nennt er mit seinem Namen. Kein einziger fehlt, wenn der starke und mächtige Gott sie ruft. Jesaja 40,26

Anhand der Sterne und der Größe des Universums dürfen wir die Allmacht Gottes erkennen. Und diese wiederum zeigt uns, dass er die ultimative Quelle aller Kräfte ist, denn er als Schöpfer steht noch über der Größe des gesamten Universums. Er ist mächtiger als all das zusammen. Und die Bibel beschreibt in vielen Geschichten seine Größe: Gott ist stärker als der schwerste Sturm. Mächtiger als die größten Machthaber. Weder Satan noch seine Heerscharen von Dämonen sind Gegner für ihn. Gott kann alles tun, was er will. Er kann erschaffen und instand halten, urteilen und bestrafen, etwas beginnen und beenden.

Doch das Besondere an Gottes Allmacht ist, dass er sie zugunsten seiner Kinder einsetzt. Dank seiner Größe und Macht können wir schlimme Dinge und Mächte in unserem Leben überwinden, wir können in unserem Charakter und in der Heiligkeit wachsen und bekommen von ihm Stärke verliehen, um seinen Plan für unser Leben zu verwirklichen. Und letztlich verleiht einem die Gewissheit, einen allmächtigen Gott an der Seite zu haben, ein unglaubliches Gefühl von Sicherheit und Geborgenheit. Jedenfalls Theo und mir.

Gott ist ein Vater, der alles weiß

„Papa, wie viel ist 4275 geteilt durch 25?"
„Papa, warum ist „rot" eigentlich „rot"?"
„Papa, für wie lange bleibt Opa tot?"

Solche Fragen stellen mir meine Kinder. Sie vertrauen darauf, dass ich eine Antwort für sie parat habe. Bei einer Rechenaufgabe kann ich ihnen meistens mit einer Antwort dienen, aber wenn es um die fundamentalen Dinge des Lebens geht, schulde ich ihnen oft eine. Vielleicht kommt es daher, weil ich in den zurückliegenden Jahren meinen Lebens eins erkannt habe: Dass je mehr ich weiß, ich eigentlich immer weniger weiß.

Wie gut ist es dann wissen zu dürfen, dass es nichts auf der Welt gibt, über das Gott nicht Bescheid weiß. Er weiß, was wir denken, womit die Engel gerade beschäftigt sind und welche Pläne die Mächte der Finsternis schmieden. Gott durchschaut, warum bestimmte Dinge passieren und welche Konsequenzen diese mit sich bringen werden. Und da er über alles bestens im Bilde ist, wird er weder von einem Ereignis überrascht noch wird er jemals verwirrt oder perplex reagieren. Gott hat eine Gesamteinsicht in das Mysterium seines eigenen Wesens und die Geheimnisse der Schöpfung.

Die Augen des Herrn sind an allen Orten, sie schauen auf Böse und Gute. Sprüche 15,3 (LÜ)

Auf die eigene Person bezogen bedeutet Gottes Allwissenheit für dich und mich, dass er uns durch und durch kennt. Er weiß um unsere Persönlichkeit, kennt unseren Charakter, unser Temperament. Und unsere tiefsten Abgründe. Keine unserer Sünden können wir vor ihm verbergen. Wir müssen es nicht einmal, denn sie sind ihm alle längst bekannt. Er kennt unsere Vergangenheit, unser Heute und unsere Zukunft. Und Gott verknüpft seine Allmacht und Allwissenheit so geschickt miteinander, dass beides unserem Besten dient. Dieses Wissen um Gottes Fürsorge ist der Grund, der David anbeten lässt:

Herr, du durchschaust mich, du kennst mich durch und durch. Ob ich sitze oder stehe – du weißt es, aus der Ferne erkennst du, was ich denke. Ob ich gehe oder liege – du siehst mich, mein ganzes Leben ist dir vertraut. Psalm 139,1–3

Gott ist ein Vater, der immer da ist

Während meiner Kindheit arbeitete mein Vater als Evangelist bei der Stiftung „Agapè". Seine Arbeit beinhaltete, dass er viele Bibelarbeiten und Unterrichtseinheiten vorzubereiten hatte. Außerdem leitete er von seinem Büro zu Hause ein landesweites Netzwerk von Evangelisten. Zwei Tage die Woche war mein Vater im Land unterwegs, wo er vielerorts Sitzungen hatte, ausbildete und Teammitglieder an ihren Arbeitsplätzen besuchte. Hauptsächlich aber arbeitete er von zu Hause aus. Ich war es daher gewohnt, meinen Vater nach der Schule an seinem Schreibtisch sitzen zu sehen. Dass er regelmäßig zwei Tage die Woche nicht da war, fand ich schon schlimm. Und so erzählte ich mal einem Freund: „Mein Vater arbeitet sehr viel. An zwei Tagen in der Woche ist er sogar nicht zu Hause." Doch das beeindruckte meinen Freund nicht im Geringsten. „Mein Vater ist jeden Tag weg", erwiderte der. Nur dass ein Vater so viel arbeiten musste, konnte ich mir damals gar nicht vorstellen.

Gott ist da. Immer! Punkt. Diese Tatsache steckt sogar in seinem hebräischen Namen: Jahwe, was nichts anderes heißt als: „Ich bin."

Wo immer du dich also gerade befindest oder wohin du gerade reist, Gott ist dir näher als du denkst. Er ist mit dir! Seine Anwesenheit leuchtet über dem Leben aller Menschen hier auf der Erde, auch wenn die meisten das noch nicht erkannt haben bzw. es ihnen einfach noch nicht bewusst ist. Manchmal aber macht er seine Präsenz auf eine grandiose Art und Weise deutlich, wenn man sich beispielsweise etwas Zeit nimmt, still wird, spazieren geht, betet oder Sport treibt. Dann kann es sein, dass du durch seinen Heiligen Geist angestupst wirst. Manch einer spürt dann, dass da jemand ist. Und Christen dürfen sich dessen sogar sicher sein. Denn durch den Heiligen Geist hat Gott selbst in ihrem Leben einen festen Platz eingenommen. Gott wohnt in ihnen.

Gott wünscht sich, dass wir seine Anwesenheit wahrnehmen und in ihr leben. Es macht nämlich einen gewaltigen Unterschied, ob man denkt, dass man in dieser Welt alleine ist oder man darum weiß, dass die mächtigste und weiseste Person des ganzen Universums näher bei einem ist, als es dein bester Freund oder dein Ehepartner überhaupt jemals sein kann.

Was der himmlische Vater tut

Gott ist ein Vater, der alles kann, alles weiß und immer da ist. Dieses Wissen macht Theo und mich sehr glücklich und relaxed.

Zudem motiviert uns Gottes Vaterschaft, uns mehr und mehr in unseren Gaben und gottgegebenen Fähigkeiten zu entfalten und andere Menschen ebenso zu ermutigen. Dass wir um Gott als unseren himmlischen Vater wissen dürfen, hilft uns auch dafür zu sorgen, dass wir ihn auf diese Art und Weise in unserem Leben ehren und schätzen.

Manche Menschen behaupten, die Vaterschaft Gottes sei vor allem durch Jesus eingeführt worden. Es stimmt, dass Jesus in den Evangelien oft von Gott als seinem Vater spricht und er ihn anspricht mit dem Wort „abba", einem vertrauensvollen Wort, das mit der Bezeichnung „Papa" zu vergleichen ist. Jedoch wird uns Menschen das Vaterherz Gottes schon im Alten Testament beschrieben. Bereits im Buch des Propheten Hosea, im elften Kapitel, bekommen wir vor Augen gemalt, wie Gott als Vater ist:

Er liebt.
Er ruft seinen Sohn, Israel.
Er lernt Ephraim das Laufen.
Er trägt Ephraim.
Er versorgt seine Kinder.
Er führt sie mit sanfter Hand.
Er zieht an den Seilen der Liebe.
Er gibt ihnen Nahrung.
Falls es nötig ist, leitet er sie.
Er bleibt treu, selbst wenn ihm seine Kinder untreu werden.
Er nimmt die einst verloren gegangenen Söhne und Töchter wieder herzlich auf.

Versuche, diese Worte mal auf dich wirken zu lassen. Denn hier ist die Rede von der himmlischen Vaterschaft, die du für dich selbst in Anspruch nehmen darfst: lieb haben, rufen, das Laufen lehren, tragen, versorgen, führen, ziehen, voraussehen, leiten, treu bleiben, zweite Chancen geben ... Alles Verben, die dir zeigen, was Gott für dich tun und sein möchte.

Fragen und deine Antworten

Anhand vieler biblischer Geschichten sehen wir, wie Gott als Vater immer wieder enttäuscht mit leeren Händen zurückbleibt, wenn Menschen seine Vaterschaft ablehnen. Darf ich dir daher diese drei Fragen stellen: Kennst du Gott wirklich als deinen himmlischen Vater? Als einen Vater, der alles kann, alles weiß und immer für dich da ist? Und hast du es bereits erfahren, dass er dich liebt, dich ruft, trägt und lehrt wie ein Vater?

Wenn deine Antwort ein eindeutiges Ja ist, dann nimm dir bitte kurz Zeit, um ihm für seine Vaterschaft zu danken und ihn anzubeten für seine Allmacht, Allwissenheit und Allgegenwart.

Ist deine Antwort ein Nein, dann will ich dich von ganzem Herzen dazu ermutigen und einladen, das folgende Gebet zu sprechen:

Gott,
ich danke dir, dass du ein himmlischer Vater für mich sein willst. Du kennst meine Fragen und meine Bedenken, die ich diesbezüglich habe. Aber wenn du es für so wichtig erachtest, mein himmlischer Vater zu sein, möchte ich das sehr gerne in Anspruch nehmen und dein Kind sein. Lass mich dich kennenlernen als meinen himmlischen Vater. Als meinen Vater, der alles kann, alles weiß und immer da ist. Im Namen Jesu, Amen.

LEBEN
WIE JESUS
KAPITEL 2

Plötzlich war er da. Die Gegenwart Gottes auf der Erde wurde sicht- und greifbar und eine Tatsache. Doch niemand hatte sie so recht kommen gesehen. Vieles sollte sich mit ihr ändern. Nicht länger ging es mehr darum, dass nur Männern und Frauen, die fest in ihrem Glauben stehen, engelhaften Gestalten begegnen. Ebenso sollte sich die Art und Weise der Anbetung eines unsichtbaren Gottes in einem majestätischen Tempel verändern. Selbst die Eintrittskarte für den Himmel durch besonders angesehenes und religiöses Verhalten wurde infrage gestellt.

Gott in der Gestalt eines Menschen

Gab es wirklich niemanden, der Gottes Kommen wahrgenommen, vielleicht sogar vorausgesehen hatte? Was ist mit den weisen Männern, die in fernen Ländern einen außergewöhnlich hell strahlenden Stern über Bethlehem entdeckten? Und ging nicht in Bethlehem ein Gerücht umher, dass den Hirten auf den Feldern eine Schar Engel erschienen war? Und gab es nicht hier und da einen gläubigen Mann oder eine gläubige Frau, der bzw. die davon überzeugt war, dass die Zeit Gottes für seine Kinder endlich gekommen sei?

Das Getuschel, all die Gerüchte und Hinweise rückten jedoch in den Hintergrund, und es gab niemanden, der wirklich verstand, was am Anfang unserer Jahreszählung in Israel überhaupt geschah:

Eines Tages erschien am Ufer des Jordans ein Mann. Er reihte sich in die lange Schlange ein, so wie es Tausende andere auch taten. In sengender Hitze schlurfte er geduldig durch den Staub Schritt für Schritt nach vorne. Er wartete darauf, von Johannes dem Täufer getauft zu werden. Johannes war sein Neffe, sein Herold. Jetzt war die Stunde gekommen, da alles im Begriff war, sich für immer zu ändern. Denn dieser Mann hatte beschlossen, dass es an der Zeit war, die ganze Menschheit mit Gott auf der Erde bekannt zu machen. Gott in der Gestalt eines Menschen – sich selbst – den Menschen zu zeigen: *Jesus*, der Sohn Gottes auf Erden.

Wenn du ein Leben voller „G-Kraft" entfalten und führen möchtest, ist es notwendig, dass du eine persönliche Beziehung zu diesem Jesus aufbaust. Das bedeutet nicht nur, seine Sühnetat am Kreuz als Gottes Lösung zur Vergebung von Schuld zu akzeptieren, sondern auch ihm nachzufolgen und ihm in deinem Leben und Tun immer ähnlicher zu werden:

Denn dazu seid ihr berufen, da auch Christus gelitten hat für euch und euch ein Vorbild hinterlassen, dass ihr sollt nachfolgen seinen Fußstapfen. 1. Petrus 2,21 (LÜ)

In diesem Kapitel wollen wir dich mitnehmen zu vier scheinbar miteinander unvereinbaren Größen, die auf der einen Seite das Mysterium Gottes auf der Erde verdeutlichen und auf der anderen Seite erklären, was es bedeutet, in seine Fußstapfen zu treten. Denn das Leben und Wirken Jesu zeichnet sich aus durch *Worte und Taten, Geistlichkeit und Tatkraft, „Sein" und „Gehen"* und

Leben und Tod. Und für alle, die ihm nachfolgen, gilt, dass diese Kennzeichen und Eigenschaften auch in unserem Leben Gestalt annehmen sollen.

Worte und Taten

Die Worte und Lehren Jesu zeichnen sich durch zwei Dinge aus: Tiefe und Einfachheit. Dir wird ziemlich schnell deutlich, wenn du in den vier Evangelien liest, dass Jesus ein Mann war, der viel von der Natur und dem ländlichen Leben hielt. In seinen Reden benutzte er oft Beispiele von Blumen, von säenden oder erntenden Bauern, von Vögeln, Fischen und Kamelen. Aber er gebrauchte nicht nur eine solch einfache und bildhafte Sprache, die jedermann verstehen konnte. Genauso findest du in seinen Lehren Aussagen, die eine solche Tiefgründigkeit beinhalten, dass sie weder Theo noch mir nach dem vierten oder fünften Mal lesen völlig klar werden. Schau dir beispielsweise einmal diesen Vers an und fange an, darüber nachzudenken:

Verschließen sich deine Augen dem Licht, lebst du in Dunkelheit. Wenn aber das Licht in deinem Innern erloschen ist, wie tief ist dann die Finsternis! Matthäus 6,23

Darüber hinaus benutzt Jesus auch viele wunderschön klingende und für uns bekannte Äußerungen. Worte, so geisterfüllt vital und existenziell, dass Menschen in aller Welt daraus Hoffnung, Trost und Inspiration schöpfen:

Selig sind, die da geistlich arm sind; denn ihrer ist das Himmelreich. Matthäus 5,3 (LÜ)

Liebt eure Feinde und bittet für die, die euch verfolgen.
Matthäus 5,44 (LÜ)

Dass Jesu Worte eine außergewöhnliche Ausstrahlung besaßen und besondere Wirkung entfalteten, zeigte sich auch an der Reaktion einiger Pharisäer, die darauf aus waren, Jesus festzunehmen, nach einer Begegnung mit ihm jedoch mit leeren Händen zu ihren Herrschern zurückkehrten. Die Auftraggeber fragten verwundert: „Warum habt ihr ihn nicht mitgebracht?" Die Pharisäer antworteten: „Niemals zuvor hat ein Mensch so gesprochen."

Die Tiefsinnigkeit der Kommunikation
Der Apostel Johannes beginnt seinen ersten Brief damit, dass er Jesus als „das Wort Gottes" beschreibt. Jesus selbst ist der Kern der Kommunikation Gottes. Sein Reden ist also nicht nur enthüllend oder aufdeckend, sondern auch schöpferisch – weil Jesus eben „das Wort" ist.

Theo und ich arbeiten in den Niederlanden als Pastoren, wir sprechen wöchentlich vor großen Menschengruppen. Und wir sind beide fest davon überzeugt: Solange die Welt bestehen bleibt, wird das Predigen der Guten Nachricht eine wichtige Rolle spielen, um eine Verbindung zwischen Gott und den Menschen herzustellen. Solange wir beiden leben, werden wir also bestrebt sein, Gottes Wort weiterzugeben. Nur sobald wir den Himmel erreichen, war es das mit unseren Reden. Denn dort werden wir uns unmittelbar in der Gegenwart des „Wortes Gottes" befinden. Und in der direkten Nähe zu Jesus ist unser Reden hohl und inhaltslos. Darum ergreifen wir lieber jetzt unsere Chance zu reden – bis zu dem Moment, in dem wir von Gott in den Himmel gerufen werden.

Jesus war jedoch nicht nur ein Mann des Wortes, sondern auch der Tat. Matthäus stellt das in seinem Evangelium treffend heraus. Nachdem er drei Kapitel lang großartige Lehren von Jesus wiedergeben hat, berichtet er in den darauffolgenden beiden von Dutzenden Wundern. Und es wird deutlich: Jesu Reden und Tun sprechen die gleiche Sprache, und es verblüfft, wie sich diese beiden Qualitäten in seiner Person offenbaren. Ich (Henk) kenne eine ganze Reihe tiefgründiger Menschen, die gut philosophieren, denken und reden können genauso wie Pragmatiker, die mit ihrem Geschick und ihrer Leistung glänzen. Jesus jedoch vereinte in seiner Person beides miteinander: Er „packte" mit an und vollbrachte zahlreiche Wunder, während er gleichermaßen auf außergewöhnlich hohem Niveau zu kommunizieren wusste.

Variationen der „Menge"

Dieser Mix führte dazu, dass Jesus nicht selten eine Art „Massenhysterie" auslöste, wenn er irgendwo mit seinen Jüngern erschien. In den ersten Kapiteln des Evangeliums von Markus heißt es, dass so viele Menschen auf Jesus zuströmten, um ihn reden zu hören, dass selbst vor den Türen kein Platz mehr frei war. Markus schildert deutlich die Angaben über den Zulauf; er spricht von einer „Menge", einer „großen Menge" und einer „enorm großen Menge". Manchmal, so wie beispielsweise in Lukas 5, wird die Atmosphäre innerhalb der Menschenmenge sogar als gereizt beschrieben, weil die Leute unbedingt so nahe bei Jesus sein wollten, dass ihre Liebe zu ihm fast schon eine gewalttätige Seite erfahren hätte, denn sie drohten von einander platt getrampelt zu werden.

Sein wie Jesus, in Worten wie in Taten

Auch heute noch zeigt sich Jesus in Wort und Tat. Durch Gottes Wort spricht er mit uns und durch den Heiligen Geist vollbringt er Wunder der Heilung. Kennst du Jesus als einen Mann, den Sohn Gottes, von Wort und Tat? Verlangst du danach, von ihm ermutigt oder geleitet zu werden? Oder sehnst du dich sogar nach einem Wunder? – Dann bist du bei Jesus genau an der richtigen Adresse.

Was aber bedeutet das für uns? Für Menschen, die Jesus ebenso in Wort und Tat nachfolgen wollen? Es bedeutet, dass unser Reden und Handeln von der Realität Jesu und seiner Kraft durchdrungen sein soll. Unsere Worte können andere ermutigen, aufbauen und inspirieren. Denn sind wir mit Jesus unterwegs und mit ihm verbunden durch den Heiligen Geist, dürfen wir erleben, wie uns darin Gottes Kraft zuteilwird. Vor allem dann, wenn wir meinen, dass wir gar nichts ausrichten könnten. Und genauso verhält es sich mit den Taten. Sie sollen anderen zum Guten dienen. Aus diesem Grund organisieren wir beispielsweise im Rahmen der Bewegung „Der 4te Musketier" Spendenläufe. Bei den sogenannten „Muskathlons" (ein Kunstwort, das sich aus „Musketier" und „Marathon" zusammensetzt) sammelt jeder Läufer im Vorfeld Gelder für Menschen in Not oder vermittelt über unseren Kooperationspartner, das Kinderhilfswerk „Compassion", Kinderpatenschaften an Unterstützer. Für viele der Notleidenden ist dieser sichtbare und außergewöhnliche Einsatz von Menschen aus dem Westen gegen extreme Armut in Afrika fast so etwas wie ein Wunder.

Ruhe und Aktion

Es gehörte zeit seines Lebens auf der Erde zur guten Gewohnheit Jesu, sich ab und an in die Einsamkeit zurückzuziehen, um Gott, seinen himmlischen Vater, in längeren Gebetszeiten aufzusuchen. Gleichzeitig beschreibt der Evangelist Lukas, wie Jesus allmählich populärer wird und enorme Möglichkeiten hat, mehr Einfluss zu nehmen:

Aber das Verbot Jesu änderte nichts daran, dass immer mehr Menschen von seinen Wundern sprachen. In Scharen drängten sie sich um ihn. Sie wollten ihn hören und von ihren Krankheiten geheilt werden. Lukas 5,15

Wir würden das als „Momentum" beschreiben, also als einen Zeitpunkt, der ganz besonders ist und vielleicht vieles entscheiden kann. Demnach scheint sich alles für Jesus zum Vorteil zu entwickeln und es scheinen sich jede Menge gute Gelegenheiten für ihn zu ergeben. Doch dann heißt es plötzlich:

Jesus aber zog sich zurück, um in der Einsamkeit zu beten. Lukas 5,16

Jesus suchte bewusst die Stille. Und das tat er nicht ab und zu, sondern regelmäßig. Er nahm sich bewusst Zeit, um sein geistliches Leben zu pflegen. Den Tempel suchte er genauso wie die Synagoge auf, insbesondere aber betete er draußen in freier Natur. Wüsten, Berge und abgelegene Orte hatten auf ihn eine unwiderstehliche Anziehungskraft. Dass er genau dort seinem himmlischen Vater in aller Ruhe begegnen konnte, wusste er. Aber auch das häufige Zitieren von Versen aus dem Alten Testament unterstreicht die Pflege seines geistlichen Lebens. Jesus liebte Gottes Wort und überbrachte es den Menschen immer wieder sehr tiefsinnig.

Pfahlhockender Sonderling

Doch Jesus war kein Einsiedler, der in freiwilliger Isolation lebend ausschließlich mit dem Meditieren und Studieren beschäftigt war. Er war kein auf einem Pfahl hockender Sonderling, der sich abseits der herrschenden Kultur und tatsächlicher Probleme von Menschen aufhielt. Vielmehr kombinierte er ein authentisch geführtes geistliches Leben mit enormem Tatendrang und Schaffenskraft. Allein im ersten Kapitel des Markusevangeliums wird elfmal das Wort „alsbald" erwähnt. In neuen Bibelübersetzungen werden dafür auch die Ausdrücke „sofort" oder „sogleich" verwendet. Warum ist das so?

Markus war es wichtig, damit auszudrücken, dass das Leben und Wirken Jesu von Beginn an durch eine enormen Dringlichkeit und Aktivität gekennzeichnet ist: Jesus rief beispielsweise seine Jünger „sofort". In Kafarnaum angekommen ging er „sofort" in die Synagoge, um dort zu predigen. Und wir dürfen sicher davon ausgehen, dass Jesus „sofort" durchschaute, mit welchem Schlag Menschen er es in seinen vielen Begegnungen zu tun hatte. Er dachte messerscharf, war proaktiv und „straight to the point".

Sein wie Jesus – geistlich und aktiv

Jesu innere Einkehr und sein Tatendrang – diese beiden Eigenschaften beeindrucken Theo und mich. Wir sind beide Typen, die überglücklich sind, wenn sie alleine unterwegs sind, draußen in der Wildnis, über schmale Wege rennen oder widrige Dickichte durchstreifen. Dort in den Bergen und Büschen suchen und treffen wir Gott. Genau dort können wir weinen wie lachen, vor allem aber neue Energie tanken. An Orten wie diesen lädt sich unser Akku auf trotz der Tatsache, dass uns manchmal nach dem Laufen die Lunge „brennt". Wir lieben es, die Bibel zu studieren und über das Gelesene genauer nachzudenken. Würden wir uns beispielsweise mit der Bibel in unser Büro setzen und wären von jeglicher Internet- und Telefonwelt isoliert, hätten wir definitiv einen herrlichen Tag. Unser geistliches Leben gehört einfach zu unserem Lebensstil dazu.

Gleichzeitig lieben wir es, wenn Dinge schnell geschehen. Es gibt daher auch die Phasen, in denen wir in einer Art heiligen „Eile" leben. Es gibt immer noch mehr zu tun oder zu besprechen, ja mehr zu realisieren als überhaupt möglich ist. Die internationale

Bewegung „Der 4te Musketier" immer weiter auszubauen, schenkt uns unglaublich viel Energie. Das Adrenalin, das bei schnellen Entscheidungen, bei missionarischer Arbeit und beim Leiten freigesetzt wird, sorgt dafür, dass wir in kurzer Zeit viele Aufgaben erledigen und generell lange Tage aushalten können. Insofern sind viele unserer Tage oftmals gefüllt mit dem biblischen „alsbald", „sofort", „sogleich", „direkt", „nun".

Die Kombination, Gott in der Stille zu suchen und zugleich in einem Meer aus lauter Chancen, Entwicklungen und Herausforderungen hohe Leistungen zu erbringen, birgt in gewissem Maße auch ein Geheimnis des Lebens in sich. Denn ein geistliches Leben, ein Leben in der Nachfolge Jesu, ohne aktiv zu sein, ohne Taten folgen zu lassen, lässt aus einem Nachfolger sicher einen Sonderling werden. Ebenso verwandelt sich ein Macher, der keine innere Einkehr halten kann, der sich keine Zeit nimmt, sich auf das Wesentlich zu besinnen oder zu beten, in eine Maschine. Genau zwischen diesen beiden Polen bewegt sich das aufregende Leben in der Nachfolge Jesu. Und Jesus wusste am besten, wie es sich mit der Balance verhält.

„Sein" und „Gehen"

Ein weiteres Spannungsfeld schließt sich daher nahtlos an: Wenn du dir die Evangelien mal etwas genauer anschaust, kann es dir so vorkommen, als ob plötzlich irgendwann ein Schnitt gemacht würde. Die ersten Kapitel sind gekennzeichnet durch zahlreiche Heilungen, große Wundertaten und lebensverändernde Lehren, die große Menschenmengen anzogen. All das ereignet sich fast ausschließlich im Norden Israels, oft rund um den See Genezareth. Jesus scheint seine Tätigkeit als Prediger in vollen Zügen zu genießen. Er sucht Menschen auf, die in tiefster Not sind, wobei stets eine erwartende und zugleich fröhliche Atmosphäre mitschwingt. Obwohl er ab und zu auch nach Jerusalem reist, unternimmt er vor allem etliche Wandertouren durchs nördliche Bergland. Fast erweckt das den Eindruck, als ob er etwas Zeit schinden möchte. Denn weder ist da Hast noch ein spezielles Ziel, das ihn umtreibt. Er lebt vielmehr den Moment und schenkt jedem, der seinen Weg kreuzt, Zeit und Aufmerksamkeit.

Doch dann geschieht ein Wechsel. Die Atmosphäre ist plötzlich spürbar verändert und auch Jesus reagiert anders als zuvor. Im neunten Kapitel des Lukasevangeliums wird dieser Wechsel ziemlich dramatisch mit den Worten beschrieben:

Als die Zeit nah war, dass Jesus wieder zu Gott zurückkehren sollte, brach er nach Jerusalem auf. Lukas 9,51

Gereizte Stimmung

Die Zeit der Umwege und der Entspannung ist vorüber. Denn genau von diesem Moment an steht alles im Zeichen der Kreuzigung in Jerusalem. Jeden Tag kommt Jesus seinem Tod am Kreuz unbeirrt ein Stückchen näher. Mehr und mehr Gespräche bekommen plötzlich einen befremdenden Beiklang, als Jesus von sich aus über sein bevorstehendes Leiden und Sterben spricht.

Seine Jünger wissen nicht, wie sie damit umgehen sollen und versuchen inmitten ihrer Verunsicherung und Trübsal irgendwo Halt zu finden. Ihre Gesprächsthemen driften immer mehr ab; oftmals geht es nun um Machtgefüge und Ansprüche. Sie beginnen quasi damit, ihre Beute untereinander aufzuteilen, noch bevor die entscheidende Schlacht überhaupt begonnen hat. Außerdem fällt auf, dass in diesem Kapitel immer seltener die Rede ist von Wundern, die Jesus vollbrachte. Bevor Jesus nach Jerusalem ging, schien es noch so gewesen zu sein, als ob jeder Mensch, der in seine Nähe kam, von ihm geheilt wurde. Nun aber wird von solchen Wundertaten nur noch selten berichtet.

Auch an der Lehre, ihrem Ton, ist eine Veränderung erkennbar: Jesus ist forscher und schärfer. Die Pharisäer und Schriftgelehrten bekommen dies zu spüren, aber auch die Jünger werden scharf angefahren und Jesus wütet die Händler aus dem Tempel und verflucht den Feigenbaum. Es wird geschrien, geschubst, gerannt, geworfen und gezogen. Hat diese Veränderung der Stimmungslage eventuell etwas zu tun mit dem Spannungsfeld zwischen „Sein" und „Gehen"?

Sein wie Jesus, in seinem „Sein" und „Gehen"

Jesus hatte eine Mission zu erfüllen und genau dieser Auftrag führte ihn unvermeidlich in den Tod am Kreuz. Von dem Moment an, in dem er erkannte, dass die Zeit gekommen war, seine Aufgabe zu erfüllen, konnte ihn nichts und niemand mehr von seinem Vorhaben, bis zum Ende gehorsam zu sein und das zu tun, was er tun sollte, abbringen. Folglich zog Jesus nach Jerusalem.

Die ersten Jahre seines öffentlichen Auftretens scheinen also von Unbefangenheit, Entspannung und spontanen Gelegenheiten gekennzeichnet zu sein, während spätere auf das Ziel, den Auftrag, hin ausgerichtet sind. Genau das ist die Spannung, in der auch wir in unserem Leben stecken, wenn auch auf einem ganz anderen Niveau und in einer anderen Intensität als bei Jesus.

Unser Leben spielt sich in verschiedenen Phasen ab: Es gibt Zeiten, in denen wir Entspannung, Freude und Ruhe genießen dürfen. Momente, die durch unser einfaches „Sein" gekennzeichnet sind. Wir benötigen solche Zeiten nicht unbedingt, sie ermöglichen uns jedoch, ganz natürlich Lebensrhythmen wie Familie, Freunde und das Gemeindeleben zu genießen. Und währenddessen finden wir oft Gelegenheit, uns darin einzubringen und einen Beitrag zu leisten. Einfach so. Denn unser Inneres hält Platz bereit für die Probleme und Sorgen unseren Mitmenschen, und das einfache „Sein" erlaubt es uns auch, mal kleine Umwege einzuschlagen.

Dann wiederum gibt es jene Zeiten, in denen es darauf ankommt, zu „gehen". Wir fokussieren uns auf Ziele, die wir anstreben und erreichen wollen oder vielleicht sogar müssen, und wir sind bestrebt, jegliche Art störender Geräusche und Ablenkungen auszulöschen.

Das macht letztlich auch den Unterschied von Jesu Tätigkeit in Galiläa und seinem Aufbruch nach Jerusalem aus. In Galiläa erlebt er eine wunderbare Zeit, während anschließend in Jerusalem die entscheidende Wende stattfindet.

Das Leben und der Tod

In Jerusalem geht es für Jesus um Leben und Tod. Und gleichzeitig ist es das wohl größte Mysterium Jesu: Er, Gottes Sohn, starb für unsere Sünden und stand von den Toten wieder auf, damit wir leben können.

Ganz Jerusalem bereitete sich auf das Passahfest vor. Die Leute waren in Eile. Selbst im Umgang mit Jesus, dem vermeintlichen Aufrührer, ging alles sehr schnell. Er wird gefangen genommen und es wird ihm der Prozess gemacht. Dabei scheint er eine bemerkenswerte Wandlung zu durchleben, denn er verteidigte sich nicht. Der Mann, der so scharfzüngig im Umgang mit Worten war und stets geschickt seinen Geist gebrauchte, sodass er niemals eine Diskussion verlor, lässt nun alle Beschuldigungen und Misshandlungen über sich ergehen – ohne sich zu wehren.

Eine äußerst ungewöhnliche Haltung für einen Mann, der Menschenmassen mit einer wunderbaren Lehre in seinen Bann ziehen konnte, oder? Jesus hätte sicher die Möglichkeit gehabt, den Hohen Rat zu beeinflussen. Zweifelsohne wäre es ihm gelungen, die heißblütigen religiösen Leiter in verschiedene Lager aufzusplitten, um die eigene Freilassung zu erwirken. Doch auch ganz abgesehen von seinen kommunikativen Fähigkeiten hätte er auch die Möglichkeit gehabt, sich auf himmlische Hilfe zu berufen. Der Mann, der Dämonen austrieb, über das Wasser lief, durch wütende Massen ging und heftige Stürme beruhigte, wäre auf jeden Fall dazu in der Lage gewesen, ein paar Wächter zu täuschen, eine Gefängnismauer einzureißen oder einfach plötzlich zu verschwinden. Ja, viel extremer noch: Im Garten Gethsemane musste er sogar seinen Angreifern, den Dienern des Hohepriesters, wieder auf die Beine helfen, die nur aufgrund seines Namens, als er sich ihnen zu erkennen gab, zurückgewichen waren und umfielen (Johannes 18,6).

Ungewöhnlich für seine Haltung ist auch ein weiteres kleines Detail: Warum betete Jesus im Garten Gethsemane so lange, bis er dort festgenommen wurde? Wieso wartete er genau an der Stelle, von der er wusste, dass Judas ihn dort aufsuchen würde? Warum ging er nicht einfach fort?
Die Antwort kennen wir: Jesus wollte gefangen genommen werden. Es war sein Ziel, am Kreuz zu sterben.

Regisseur

Jesus war also kein Opfer der Entwicklungen, sondern ihr Regisseur. Und alle Männer, die dachten, sie hätten Jesus in ihrer Macht, waren nichts weiter als Figuren in einer Aufführung, einer Produktion, deren Drehbuch schon lange zuvor geschrieben worden war. Jesus wollte diesen Weg gehen: sterben, weil der Tod zu sterben hatte. Die Macht der Sünde sollte für die Menschen durch ihn und sein stellvertretendes Opfer ein für alle Mal durchbrochen werden. Er wusste, die letzte Stunde des Teufels hatte geschlagen.

Und Jesus starb in dem Bewusstsein, dass er über ihn wie auch den Tod siegen und wieder leben würde.

Niemand, weder Freund noch Feind, hatte mit seiner Auferstehung gerechnet, da diese Wiederkehr ins Leben mit unserem menschlichen Verstand einfach nicht zu begreifen ist. Menschen, damals wie heute, haben Schwierigkeiten damit, sie anzuerkennen und ihre Kraft für sich in Anspruch zu nehmen. Obwohl es allerlei Indizien dafür gibt, dass Jesus tatsächlich von den Toten auferstanden ist. Einer der stärksten Hinweise ist die markante Verhaltensveränderung der Jünger. Vor Jesu Tod waren die Zwölf eine ausgelassene Bande. Sie waren oft auf Belohnungen aus und unfähig, das zu durchschauen, was Jesus lehrte. Auch hatten sie Angst vor dem Tod. Nach der Auferstehung scheint es aber beinahe so, als ob die Jünger selbst von den Toten auferstanden wären. Sie waren wie ausgewechselt, fanden sich selbst, wurden tapfer und freimütig und waren letztlich sogar bereit, für Gottes gute Botschaft alles zu geben, weil sie plötzlich Jesu Worte, seine Lehren, verstanden hatten – für sich selbst wie für andere. Sie reisten durch Städte und Länder, um Menschen davon zu erzählen, wer Jesus war und nahmen freiwillig große Gefahren in Kauf, sodass sie sogar bereit waren, für die Sache Jesu zu sterben.

Leben und Sterben mit Jesus

Das Leben ist nicht immer leicht und bequem. Jesus fordert seine Nachfolger dazu auf, täglich ihr Kreuz auf sich zu nehmen. Der Apostel Paulus beschreibt es so, dass wir uns selbst als ein Opfer in den Dienst Gottes stellen sollen. Mit anderen Worten: Unser Leben soll sich nicht um uns selbst drehen. Und Gott nachzufolgen, bedeutet, dass es uns etwas kosten kann. Es geht also nicht um unsere eigene Ehre, Position oder Ambition. Unser Ziel sollte vielmehr sein, Jesus in unserem Leben und durch unser Handeln sichtbar werden zu lassen. Immer mehr.

Dass Nachfolge bedeutet, etwas zu opfern und manchmal zu kämpfen, klingt auf den ersten Blick beängstigend vielleicht sogar enttäuschend. Aber da darfst du nicht stehenbleiben. Es geht um so viel mehr. Denn Nachfolge bleibt nicht nur bei Jesu Tod am Kreuz stehen, sie geht vor allem um das Leben! Letztlich war es die göttliche Kraft, die sich nach Jesu Tod in seiner Auferstehung zeigte, die auch bei seinen Jüngern ein völlig neues und verändertes Leben auslöste. Und zwar ein Leben, das ganz erfüllt war vom Heiligen Geist und seiner Kraft.

DIE KRAFT
DES GEISTES

KAPITEL 3

Dies ist das dritte und letzte Kapitel, das von der ersten „G-Kraft" – der Kraft, die wir durch das Leben mit Gott erfahren –, handelt. Mit ihr ist es möglich, ein kraftvolles Leben zu führen, das seine Bestimmung erreicht – Gott in seiner ganzen Fülle zu erkennen, ihn anzubeten und ihm zu folgen. Wir glauben, dass diese drei Dinge entscheidend sind, um Gottes Kraft zu erfahren.

- Gott als himmlischen Vater kennenzulernen, und zwar als einen Vater, der alles kann, alles weiß und der immer in deiner Nähe ist.
- Das Opfer Jesu am Kreuz zur Vergebung der Schuld persönlich anzunehmen und ein Verlangen danach zu haben, Jesus immer ähnlicher zu werden.
- Und den Heiligen Geist kennenzulernen und aus seiner Kraft heraus zu leben.

Großer unbekannter Gott

Für viele Menschen ist von den drei Personen der Dreieinigkeit der Heilige Geist wohl die unbekannteste. Selbst Menschen, die im Alltag nicht viel mit Kirche zu tun haben, wissen wie man das Vaterunser betet oder hören spätestens an Weihnachten und Ostern von den Geschichten Jesu. Aber der Heilige Geist ist und bleibt ein Unbekannter.

Selbst Christen sind da keine Ausnahme. Vielleicht gehörst du mit zu denjenigen, die „Heiliger Geist" direkt mit theologischen Ansichten und Aussagen aus charismatischen Richtungen assoziieren. Und vielleicht hast du sogar Angst davor, wenn du mit dem Heiligen Geist in Berührung kommst, benommen oder „pfingstlich" zu werden. All das sind Vorstellungen und Ansichten, die über den Heiligen Geist existieren.

Die Bibel stellt uns den Heiligen Geist als Teil der göttlichen Dreieinigkeit vor. Er ist eine Person, genauso wie Gott es als Vater oder als Sohn ist. Er ist ganz Gott. Daher schreibt der Apostel Paulus beispielsweise in einer ganz natürlichen, selbstverständlichen Art und Weise:

Ich wünsche euch, dass die Gnade unseres Herrn Jesus Christus, die Liebe Gottes und die Gemeinschaft des Heiligen Geistes euer Leben bestimmen. 2.Korinther 13,13

Und im Matthäusevangelium appelliert Jesus:

Geht hinaus in die ganze Welt und ruft alle Menschen in meine Nachfolge! Tauft sie und führt sie hinein in die Gemeinschaft mit dem Vater, dem Sohn und dem Heiligen Geist! Matthäus 28,19

Die Bibel weiß einiges über die Person und die Taten des Heiligen Geistes zu erzählen. Uns ist es nicht möglich, all diese Informationen in einem Kapitel zusammenzufassen. Aber wir haben sehr intensiv darüber nachgedacht, welche Kernaussagen wir über den Heiligen

Geist auswählen und vermitteln wollen, damit diese Botschaft deinem Leben einen enormen Kraftimpuls gibt, wenn du sie befolgst.

Wir haben uns daher entschieden, dir in diesem Kapitel zunächst die Person des Heiligen Geistes vorzustellen und dir danach zu erklären, welches die drei wichtigsten Ziele sind, die der Heilige Geist in deinem Leben bewirken will, und welche Folgen das für dich haben kann. Gegen Ende des Kapitels laden wir dich dann dazu ein, dein Herz vollkommen von der Anwesenheit des Heiligen Geistes erfüllen zu lassen und zeigen dir auf, wie du dies praktisch werden lassen kannst.

Er ist eine Person

Zuallererst ist es wichtig zu begreifen, dass der Heilige Geist genauso wie der Vater und der Sohn eine Person ist. Er ist keine seelenlose Kraft (was viele oft denken), auch wenn er in der Tat die größte Kraftquelle auf Erden ist. Auch handelt es sich beim Heiligen Geist nicht um bloße „Energie". Du kannst ihn zwar nicht sehen, aber er ist keinesfalls ein Geist im Sinne eines Gespensts. Der Heilige Geist ist vielmehr ein Wesen mit Gefühlen, einem Willen, Wissen, Kraft und Liebe. Hier ein paar Beispiele:

Er spricht
Hört genau hin, und achtet darauf, was Gottes Geist den Gemeinden sagt. Denn wer durchhält und das Böse besiegt, dem will ich die Früchte vom Baum des Lebens zu essen geben, der in Gottes Paradies steht. Offenbarung 2,7

Er leitet
Da sprach der Heilige Geist zu Philippus: „Geh zu diesem Wagen, und bleib in seiner Nähe." Apostelgeschichte 8,29

Er kann traurig werden

Und betrübt nicht den Heiligen Geist Gottes, mit dem ihr versiegelt seid für den Tag der Erlösung. Epheser 4,30 (LÜ)

Von Anbeginn der Zeit war der Heilige Geist Teil der Dreieinigkeit und ist somit eine aktiv handelnde göttliche Person. Die ersten drei Verse der Bibel berichten davon:

Am Anfang schuf Gott Himmel und Erde. Noch war die Erde leer und ohne Leben, von Wassermassen bedeckt. Finsternis herrschte, aber über dem Wasser schwebte der Geist Gottes. Da sprach Gott: „Licht soll entstehen!", und es wurde hell. 1. Mose 1,1–3

Gerne wird Gott, als der Schöpfer, mit der Vater-Person identifiziert. Doch nicht nur sie war am Schöpfungsprozess beteiligt, denn sowohl der Heilige Geist als auch der Sohn Gottes waren ebenso am Werk.

Im vorigen Kapitel haben wir dir bereits aufgezeigt, dass Jesus das Wort war und genau dieses Wort sprach schon zur Anbeginn der Zeit, wie uns die Bibel berichtet, in der die Schöpfung Realität wurde. Und auch der Geist war an eben dieser Schöpfung beteiligt, jedoch auf eine ganz bestimmte und eigene Weise. In 1. Mose 1,2 wird das deutlich: Auf der Erde herrschten Chaos und Finsternis, jedoch geschah gleichzeitig etwas, denn der Geist Gottes schwebte über dem Wasser. Wenn ich (Henk) das so lese, versuche ich mir die Rolle vorzustellen, die der Geist Gottes dort einnahm. Inmitten des Chaos sorgte er für Ordnung, beruhigte die aufbrausenden Wassermassen und schuf durch seine Anwesenheit Frieden, der nötig war für alles Weitere, was da noch kommen sollte.

Schöpfer und Gestalter des Lebens

Genauso wie der Vater und der Sohn an der Schöpfung beteiligt waren, ist Gottes Geist bereits am Anfang der Schöpfung ein schaffender, kreativer Geist. Und das Besondere am Heiligen Geist ist die Tatsache, dass er von den drei Personen der göttlichen Dreieinigkeit im Laufe der Jahrhunderte vielleicht sogar diejenige ist, die am aktivsten bleibt im Sinne der Schöpfungskraft Gottes. Elihu, ein Freund von Hiob, seufzte beispielsweise:

Gottes Geist hat mich geschaffen, der Atem des Allmächtigen hat mir das Leben geschenkt. Hiob 33,4

Der Geist Gottes wird an dieser Stelle als „ruach", als Atem aus dem Munde Gottes, bezeichnet. So wie der Sohn das Wort Gottes ist, so ist der Geist der Atem Gottes. Er schenkt den Menschen die Luft, um zu leben.

Aber der Heilige Geist initiiert nicht nur das Leben der Menschen, er bringt es auch zu seiner vollen Entfaltung, denn er befähigt dich und mich dazu, das eigene Leben zu gestalten. Er ermöglicht unser Dasein und befähigt uns, etwas Besonderes aus unserem Leben machen zu können. Insofern ist er Schöpfer und Gestalter gleichermaßen.

Mit anderen Worten: Als Menschen haben wir zwei große geistliche Nöte. Zum einen brauchen wir Vergebung, die wir von Gott durch seinen Sohn Jesus Christus angeboten bekommen. Und zum anderen benötigen wir die Verbindung zu ihm, um durch den Heiligen Geist, unserem Leben Güte, Schönheit und Kreativität zuteilwerden zu lassen. Diese Dinge schenkt uns Gott durch seinen Geist.

Wir hoffen, dass tief in deinem Inneren bereits etwas brodelt, das danach verlangt, mehr von Gottes Geist erfahren zu wollen. Und das ist gut so, denn in der Verbindung mit Gott und dem Heiligen Geist wird dein Leben noch viel besser werden. Achte im Folgenden darauf, welche drei wesentlichen Dinge der Heilige Geist für dich und dein Leben bereithält und in dir freisetzen will.

1. Was Gottes Geist tut: mit Jesus verbinden

Ich (Henk) weiß noch, wie ich als Teenager an einem Sonntag mit meinem Vater auf dem Sofa saß und wir miteinander über den Gottesdienst sprachen. Der Prediger hatte über den Heiligen Geist gesprochen und dieses Thema fand ich persönlich sehr schwierig. Besser gesagt fand ich es sehr vage und ich hatte Schwierigkeiten damit, den Heiligen Geist für mich richtig einzuordnen. Deshalb fragte ich meinen Vater: „Denkst du, dass der Heilige Geist in mir wohnt?" Mein Vater stellte mir daraufhin eine Gegenfrage: „Glaubst du daran, dass Jesus am Kreuz für deine Sünden gestorben ist?" – „Ja, das glaube ich", antwortete ich ihm. „Dann wohnt der Heilige Geist in dir", erwiderte mein Vater voller Überzeugung.

Ich war regelrecht überrascht. War es wirklich so einfach? Mein Vater erklärte mir, dass „Gottes Geist unserem Geist bezeugt, dass wir Kinder Gottes sind". Was nichts anderes heißt, als dass das Ja für ein Leben mit Jesus, sich zu bekehren, ein Zeichen von dem Wirken des Heiligen Geistes im eigenen Leben ist.

Ich begriff nicht, was mein Vater damit genau meinte, aber irgendwie fühlte ich in meinem Inneren, dass er, mit dem was er sagte, recht hatte. Warum wurde mir die Schuld in meinem Leben, dass ich Vergebung brauchte, überhaupt bewusst? Warum hatte ich mich für Gott entschieden? Und wie lebt eigentlich Jesus „in mir"?

Irgendwie schien das alles etwas mit dem Wirken von Gottes Geist in meinem Leben zu tun zu haben.

Ich liebe Jesus

Später erfuhr ich diese Wahrheit auf einer noch viel tieferen Ebene, denn im Laufe der Jahre habe ich angefangen, Jesus immer mehr zu lieben. Jesus. Sein Name bedeutet mir so unendlich viel. Ich liebe Jesus wegen seines Mutes, seiner Liebe und dem, was er für mich am Kreuz getan hat. Ich könnte noch viele weitere Gründe nennen, die erklären, warum ich ihn liebe. Manchmal ertappe ich mich selbst dabei, wie ich ganz leise seinen Namen flüstere, zum Beispiel wenn ich Auto oder Fahrrad fahre oder gerade laufe: „Jesus. Jesus. Jesus."

Dass ich Jesus so sehr liebe, ist ein Ergebnis dessen, wie der Heilige Geist in meinem Leben wirkt. Denn das erste, was der Heilige Geist tut, ist, den Menschen auf Jesus hinzuweisen. Im Johannes-evangelium, in den Kapiteln 14 bis 16, spricht Jesus davon, wie der Heilige Geist Jesus bezeugt, ihn ehrt und Gottes Weisungen dem Menschen verdeutlicht. Dabei ist der Heilige Geist niemals darauf aus, eine Aufmerksamkeit auf sich selbst ziehen zu wollen, sondern er weist stets auf Jesus hin. Ihm ist es wichtig, den Menschen mit Jesus in Verbindung zu bringen.

Diese Beziehung äußert sich durch Liebe, Verehrung und Gebet. Und Gottes Geist ist es, der dir all das ermöglicht: Gott zu lieben, ihn zu ehren und anzubeten. Jesus sagte diesbezüglich:

Doch es kommt die Zeit, ja sie ist schon da, in der die Menschen Gott überall anbeten können, wichtig ist allein, dass sie von Gottes Geist und seiner Wahrheit erfüllt sind. Johannes 4,23

Diese „wahre" Anbetung kann auf unterschiedliche Art und Weise zum Ausdruck gebracht werden. Zeitgenössische Anbetungsmusik, beispielsweise von „Hillsong" oder „Bethel Music", inspiriert manch einen dazu, Gott mit dem ganzen Körper zu loben. Andere hingegen lieben es, Gott in der Stille oder mittels mächtiger Orgelklänge zu begegnen und zu verehren, was genauso gut ist. Wir sind uns sicher: Sind wir erfüllt mit dem Heiligen Geist, berücksichtigt dieser auch unseren individuellen Anbetungsgeschmack.

2. Was Gottes Geist tut: Kraft schenken

Die Menschen mit Gottes Kraft zu füllen, sodass sie die Möglichkeit haben, das zu tun, wofür sie von Gott geschaffen wurden, ist das zweite wesentliche Merkmal des Heiligen Geistes. In der Bibel wird dies mit den Worten „erreichen", „ruhen auf", „erfüllen" oder „angreifen" beschrieben, so auch bei Gideon:

Da wurde Gideon vom Geist des Herrn ergriffen. Er blies das Horn und rief die Männer der Sippe Abieser auf, ihm zu folgen.
Richter 6,34

Hier können wir bereits Aussagen erkennen, die kraftvoll sind. Die eigentliche Reichweite der Worte vom Geist Gottes sehen wir aber erst an der Art und Weise, wie er Gideon bildlich gesprochen anzog, eben wie einen maßgeschneiderten Anzug. Das kann man fast schon vergleichen mit der Situation, in der Clark Kent sich in „Superman" verwandelt oder in der Dr. Robert Bruce zu „Hulk" wird. Völlig unerwartet wird eine solche Kraft freigesetzt, die dazu führt, dass Gideon in Bewegung kommt, sich traut inmitten seines Stammes Farbe zu bekennen und es schließlich wagt, im Kampf gegen eine enorme Gewalt voranzugehen.

Unterwegs sein in Richtung deiner Bestimmung

Die Kraft, die der Geist Gottes in einem Menschenleben entfacht, ist dazu gedacht, dass wir Gottes Bestimmung für unser Leben erfassen und entdecken können. Männer wie Simson, David und Eliah wurden durch den Geist Gottes dazu befähigt, feindliche Armeen zu besiegen, Lieder zu komponieren und die Botschaften Gottes an andere weiterzugeben. Es war der Heilige Geist, der Maria schwängerte und der ihrer Tante Elisabeth zeigte, dass Maria niemand geringeren als den Retter der Welt in ihrem Bauch trug. Die Jünger Jesu bekamen nach ihrer Taufe mit dem Heiligen Geist die Freimütigkeit dazu, ihren Unterschlupf zu verlassen und überall zu bekennen, dass sie zu Jesus gehörten. Genauso war es auch Gottes Geist, der die Apostel Grenzen überschreiten ließ, es ermöglichte, dass Kirchen gegründet wurden und der die Apostel bereit machte, den Märtyrertod hinzunehmen.

Es ist ein Fakt: Der Geist Gottes ermöglicht einem Menschen die Sicht auf das Ziel für sein Leben und schenkt dabei den nötigen Mut und die Kraft, um diese Lebensvision verwirklichen zu können.

Genau das haben Theo und ich selbst so auch erleben dürfen. Aufgrund unseres Studiums an der „Universität Twente" hatten wir beide die Chance, Karriere zu machen. Aber Gottes Geist rüttelte uns wach und brachte uns auf einen anderen Weg. Dieser Weg gab uns eine deutlich geringere finanzielle Sicherheit, verlangte besondere Opfer und stellte uns regelmäßig vor größere Herausforderungen, als wir uns zuvor hätten vorstellen können. Aber mit diesem Weg gab uns der Geist Gottes auch die Kraft, um Schritt für Schritt auf diesem Weg voranzukommen, anderen Menschen dienen zu können, das Evangelium zu verkünden und um für Gerechtigkeit werben zu können.

Oftmals fungiert Gottes Geist auch als Wecker. Das sehen wir sowohl bei uns selbst, als auch bei vielen anderen Männern und Frauen in unserem Umfeld. Der Heilige Geist rüttelt Menschen wach, stellt eine Verbindung zwischen ihnen und Jesus her und führt sie auf einen herausfordernden, aber zugleich auch aufregenden Weg voller Tätigkeiten, Gnade und Liebe.

3. Was Gottes Geist tut: Gaben entfalten

Als ob das alles noch nicht genug wäre, schenkt der Heilige Geist allen Gläubigen auch noch spezielle Gaben. Hierbei geht es um besondere Fähigkeiten, die direkt aus dem Himmel kommen und einem Menschen gegeben werden, um aus dieser Welt einen besseren Ort zu machen. So lesen wir zum Beispiel, dass der Herr Bezalel und Oholiab die Gabe schenkte, das „Zelt der Begegnung" und alle dazugehörigen Utensilien zu bauen. Im Neuen Testament werden Dutzende Gaben genannt, die der Geist Gottes den Menschen schenken kann. Es werden unter anderem die Gaben des Leitens, Lehrens, Prophezeiens und des Wunder- vollbringens genannt. Man kann sagen, dass alle geistlichen Gaben zur Schönheit des Lebens beitragen, denn sie machen das Leben erst richtig „gut". Grob gesagt lassen sich die geistlichen Gaben in drei Kategorien einteilen, wobei die folgende Liste keinen Anspruch erhebt, im Blick auf die genannten Gaben vollständig zu sein:

- Gaben, die es ermöglichen, Gott zu kennen („Unterscheidung der Geister", „Weisheit" und „Erkenntnis")
- Gaben, die es ermöglichen, zu handeln
- („Glauben", „Kraftwirkungen"(Wunderkräfte) und „Leitung")
- Gaben, die es ermöglichen, zu sprechen („Auslegung der Sprachenrede", „Prophetie" und „Sprachenrede")

Jeder Christ hat vom Heiligen Geist verschiedene Gaben empfangen. Vielleicht weißt du ja bereits, welche Gaben dir geschenkt wurden. Zu Theos Gaben gehören beispielsweise die der „Weisheit" und „Leitung" und die des „Hirten". Ich (Henk) habe unter anderem die Gaben „Glauben" und die des „Apostelamtes". Bist du neugierig, welche Gaben der Geist Gottes dir gegeben hat? Im Internet kannst du verschiedene „Geistesgaben-Tests" finden, die du machen kannst und somit bekommst du dort die Möglichkeit, deine eigene Einschätzung diesbezüglich zu testen. Natürlich kannst du auch ein Gespräch mit deinem Pastor oder einem Ältesten über dieses Thema führen, was mitunter vorteilhafter sein kann, wenn sie dich schon eine Weile kennen.

Das ist ein Befehl

Wir hoffen, dass dir mittlerweile bewusst geworden ist, dass der Heilige Geist eine fantastische Person ist, die dein Leben auf eine grandiose Art und Weise bereichern kann. Er stellt eine Verbindung zwischen dir und Jesus her, gibt dir die Kraft, um deine Bestimmung zu erreichen und schenkt dir besondere Fähigkeiten, die für dein persönliches, geistliches Leben und das von anderen, ein großer Segen sein können. Dafür ist es vor allem entscheidend, dass du dem Heiligen Geist genügend Raum gibst, damit er sein Werk in deinem Leben auch ohne Einschränkungen vollbringen kann. In der Bibel heißt es:

Betrinkt euch nicht; das führt nur zu einem ausschweifenden Leben. Lasst euch vielmehr von Gottes Geist erfüllen. Epheser 5,18

Das sind klare Worte. Du kannst dich mit hochprozentigen Getränken volllaufen lassen, dich berieseln lassen von Hollywood-filmen oder dich ausgiebig mit Zeitschriften befassen, die Themen wie Fußball, Drogen, Pornos und Computerspielen beinhalten. Es ist völlig egal, mit welchen Dingen du dich am ehesten volllaufen lässt, denn die Botschaft lautet: Tu das nicht! Lass dich mit gar nichts mehr volllaufen außer mit dem Geist Gottes.

Das ist ein Befehl!

Ja, so steht es dort wirklich. Im Griechischen stehen die Wörter „erfüllt sein" in einem sehr aussagekräftigen Imperativ – einem Befehl, der nicht nur einmal gilt, sondern für immer.

Ohne den Heiligen Geist sind wir auf Dauer leer und verloren. Der Staub der Welt und unsere achtlosen und bewussten Sünden treiben den Heiligen Geist immer wieder in den letzten Winkel unseres Lebens. Gott möchte nur das Beste für uns und daher fordert er uns dazu auf, uns regelmäßig bis zum Rand vom Heiligen Geist füllen zu lassen. Aber wie geht das?

Beten und Bekennen

Theo und ich tun dies auf zwei unterschiedliche Weisen. Zunächst einmal beten wir beide täglich um die Fülle des Geistes Gottes. Unter diesem Abschnitt steht ein Gebet, das oft während einer „Erweckung" in Wales gebetet wurde und es interpretiert das Verlangen unseres Herzens:

Fülle mich, Heiliger Geist, fülle mich.
Ich möchte einen Überfluss an deiner Fülle kennen.
Ich bin das kleinste unter ihren Gefäßen.
Aber ich kann dennoch überfließen.

Erfüllt zu werden vom Geist Gottes, verlangt mehr als bloß das Gebet allein. Wir müssen uns im Klaren darüber sein, dass unsere Sünden den Heiligen Geist traurig stimmen. Daher sollen wir uns bemühen, heilig zu leben und unsere Sünden zu bekennen. Das klingt vielleicht zunächst einmal schwer, aber wir erfahren genau dieses Bemühen und das Bekennen als riesige Freude. Ein Beispiel kann diese Freude besonders gut verdeutlichen:

Theo und ich lieben es sehr, laufen zu gehen. Wir laufen mindestens dreimal in der Woche und wenn in nächster Zeit ein Marathon ansteht, laufen wir sogar noch öfter. Neben unseren Trainingseinheiten achten wir auch auf unsere Ernährung und sorgen dafür, dass wir uns genügend Ruhezeiten gönnen, auch wenn uns dies nicht immer gelingt mit unseren Jobs und Familien. Aber wir gehen dennoch sorgfältig mit unserem Essverhalten und unserer Nachtruhe um. Denn es macht absolut keinen Sinn, zu versuchen fit zu bleiben und uns dreimal wöchentlich die Lunge aus unserem Leib zu rennen, wenn wir uns zwischendurch wahnsinnig fettig ernähren und mit übermäßigem Schlafmangel unserem Körper schaden. Genau diese Kombination aus Lauftraining, guter Ernährung und genügend Schlaf sorgt nämlich dafür, dass wir uns topfit fühlen und wir dazu in der Lage sind, mit viel Freude den Verantwortlichkeiten in unserer Arbeit, Familie und unserem persönlichen geistlichen Leben gerecht zu werden.

Dass man auf der einen Seite um Gottes Kraft bittet, gleichzeitig aber sein Leben mit allem möglichen Mist (Sünden) vollstopft oder wichtige Grundprinzipien des Lebens wie zum Beispiel das Einhalten von Ruhezeiten, die Pflege von Beziehungen und der Zeit mit Gott, ihn zu ehren, vernachlässigt, passt einfach nicht zusammen und funktioniert nicht. Du kannst gewiss um die tägliche Fülle des Heiligen Geistes bitten, aber bitte sorge dann auch dafür, dass du schädliche und sündige Verhaltensmuster ablegst.

Wenn du das nicht tust, wird es nur einen verlorenen Kampf zur Folge haben, der bei Wiederholung schnell zum Krampf wird. Aber wenn du wirklich dein Gebet um die Fülle des Heiligen Geist kombinierst mit dem Ablegen von Sünde und dem Führen eines heiligen Lebenswandels, dann wirst du in einen geistlichen „Flow" eintauchen, der dich über deine eigenen Fähigkeiten hinauswachsen lässt. Dann wirst du bestimmt etwas erfahren von der göttlichen „G-Kraft", die aus der Beziehung mit Gott, dem Vater, dem Sohn Jesus Christus und dem Heiligen Geist herrührt.

G

GEMEINSCHAFT

*Die zweite „G-Kraft", mit der wir es alle immer wieder zu tun
haben, ist die der Gemeinschaft. Hierunter fallen unsere primären,
engsten Beziehungen: Familie, Freunde, Verwandte, etc.
Fakt ist: Jeder von uns ist ein Teil einer Familie. Wir haben Eltern
und vielleicht auch Geschwister. Einige von uns sind bereits selbst
verheiratet und haben vielleicht sogar eine Familie gegründet.*

*Sind all diese engsten Beziehungen „gut" und intakt, dann erfahren
wir sie als eine bereichernde Quelle des Lebens, aus der wir Freude
und Energie schöpfen dürfen. Und das wiederum gibt uns Kraft, die
Herausforderungen des Lebens erfolgreich meistern zu können.*

*Dieser zweite Teil des Buches möchte dir zeigen, wie es dir gelingt,
anhand verschiedenster Gelegenheiten, feste, nahe und starke
Beziehungen in deinem Umfeld zu führen. Unter anderem wirst
du erfahren, wie wichtig es ist, bereit zu sein für die Lieben, die du
an deiner Seite weißt, wie wunderbar stärkend sich Freundschaft
erweisen kann und welche elementaren Bausteine dir dazu dienen,
eine gesunde Ehe zu leben.*

KÄMPFE FÜR
DEINE FAMILIE
KAPITEL 4

Gott selbst liebt es, in Gemeinschaft zu leben. Vater, Sohn und Heiliger Geist sind allezeit beieinander. Ihn in dieser starken und persönlich erfahrbaren dreieinigen Gemeinschaft zu kennen, ist die erste „G-Kraft", die es in deinem Leben zu entfalten gilt. So beugst du auch vor, dass Routine, Zynismus und Zerbruch weder in deinem Leben Einzug halten noch in dem Leben deiner Familie. Denn durch die Kraft enger und intakter Gemeinschaft wirst du selbst Lebenskraft und Dynamik erfahren. Doch um ein Leben mit der Stärke dieser „G-Kraft" entwickeln zu können, solltest du dich intensiv damit auseinandersetzen, wie es dir gelingt, Beziehungen derart erfolgreich zu gestalten, dass sie dein Leben wie auch das der anderen bereichern.

Intakte Familie

Wenn wir über das Thema Familie sprechen, dann meinen wir nicht ausschließlich die „Kernfamilie", die bilderbuchmäßig aus Vater, Mutter, zwei Kindern und einem Hund besteht. Vielmehr denken wir bei dem Wort „Familie" an all unsere primären Beziehungen. Wie sich diese gestalten, ist heutzutage unterschiedlich, aber wir sind alle irgendwie Teil einer Familie: Manch einer ist vielleicht in einer Pflegefamilie aufgewachsen, andere bei einem alleinerziehenden Elternteil oder in einer Patchworkfamilie und wieder andere kommen aus einer traditionellen Familie. Egal, in was für einer Art Familie du groß geworden bist, sie hat immer einen bedeutenden Einfluss auf dein Leben. Im Umkehrschluss gilt Ähnliches für uns heute: Jetzt sind wir gefragt. Denn nirgendwo sonst können wir (oder eben nicht) einen Beitrag dazu geben, dass die primären Beziehungen in unserer Familie gut funktionieren.

Die Familie ist heutzutage noch immer der Eckstein des Zusammenlebens. Ein Ort bzw. ein innerer Raum der Zugehörigkeit, der sich durch Sicherheit, Freude und Entwicklung auszeichnet. Allerdings ist auch deutlich zu erkennen, dass die Familie heutzutage unter enormen Druck steht. Christliche Familien sind da nicht ausgenommen. Sonntags sitzen wir alle hübsch angezogen nebeneinander in der Kirche, aber unter der Woche sieht die Realität des Familienlebens meist anders aus. Das Haus, in dem man lebt, scheint dann oftmals zu klein zu sein. Und es folgt eine Art innerfamiliäre Zensur: „Was in unseren vier Wänden passiert, bleibt auch hier", fordern wir. Oder wir beschwichtigen: „Jedes Dach hat sein Ungemach." Oder wir wiederholen gegenüber unseren Kindern Worte, die wir früher selbst schon zu hören bekommen haben: „Wir hängen dreckige Wäsche nicht nach draußen". All das bedeutet nichts weniger, als dass wir mit unseren kleinen oder größeren familiären Geheimnissen und Konflikten leben und hoffen, dass sie eines Tages wieder besser werden. Meist geht das auch eine Weile gut. Allerdings kann es sein, dass es irgendwann um Familien, die so verfahren und alles unter den Teppich kehren und einfach weiter schweigen, sehr kritisch steht.

Vielleicht entspricht das Beschriebene deiner Situation und dir ist dein Mut verloren gegangen, weil du einfach nicht mehr weißt, wie du das Ganze ändern kannst und was du tun sollst. Hast du die

Beziehung zu deinen Kindern verloren? Läuft es schlecht in deiner Ehe? Stehst du ganz alleine da? Falls ja, dann hör bitte nicht auf, dieses Buch zu lesen. Wir möchten dir ein paar wichtige Lehren aus dem Leben des Statthalters Nehemia mit auf den Weg geben, die deine Familie positiv beeinflussen und durch dein Leben neue „G-Kraft" strömen lassen können.

Die Familie als Festung

Wir steigen in die Geschichte des gleichnamigen biblischen Buches ein, als Nehemia mit einem Teil des Volkes Israel aus dem Exil zurückkehrt und dieses Volk nach einem Ort sucht, an dem es vor Angriffen sicher und geschützt ist. Einem Ort, wo für das Volk eine neue Zukunft beginnen kann. Jerusalem allerdings gleicht damals einer Ruine. Die Stadtmauern, eine Silhouette geschwärzter Steinhaufen, sind nur noch zu erahnen. Man könnte versuchen, die Häuser wieder aufzubauen, nur würde das nicht viel Sinn machen, bevor nicht auch die Stadtmauer wieder instandgesetzt ist, denn sonst würde den Feinden wohl jeder Angriff gelingen und jeder Aufbau gleich wieder zunichtegemacht. Aus diesem Grund zeigt Nehemia dem Volk, was als Erstes zu tun ist und beginnt, die Stadtmauern wieder aufzubauen.

Eine gut funktionierende Familie ist in etwa mit einer Stadt zu vergleichen, die von starken Mauern umgeben und geschützt ist. Innerhalb der Mauern, in der Familie, herrschen Freude und Frieden, Gott wird angebetet und die junge Generation kann behütet aufwachsen. Familie ist somit eine Zuflucht, unser Zuhause und gleicht einer starken Festung. Allerdings gilt es achtsam zu sein, weil immer wieder Kräfte mit ihm Spiel sind, die den Schutz der Familie zerstören oder zumindest aufwühlen wollen.

Die Strategien des Feindes

Unter der Führung von Sanballat, dem persischen Statthalter von Samaria, dem Ammoniter Tobija und Araberkönig Gaschmu geben die feindlichen Völker rund um Jerusalem ihr Bestes, um den Wiederaufbau der Mauern zu behindern und die Stadt zu verwüsten. Die Strategien von Sanballat und seinen Mitstreitern, wie sie versuchen, die Arbeiten zu stören, lassen sich auch symbolisch auf das Bild der Familie als befestigte Stadt anwenden. Denn auch heute sind Mächte der Finsternis zugange, mit dem Ziel Familien zu zerstören. Zwei Strategien lassen sich am Beispiel von Sanballat und seinen Handlangern aufzeigen: Die erste ist die der Lüge und des Spotts:

Was wollen diese armseligen Juden eigentlich? Jerusalem zur Festung ausbauen? Sie meinen wohl, wenn sie Opfer darbringen, können sie an einem Tag fertig werden! Mit diesen verbrannten Steinen und diesem Schutt wollen sie eine neue Stadtmauer errichten? Nehemia 3,34

1. Lüge und Spott

Täglich sind wir umgeben von scheinbar willkürlich auftretenden Gedanken. Die meisten gelangen in unseren Kopf, andere dringen sogar bis tief in unser Herz vor. Und einige von ihnen sind voller Lüge und Spott.

Du liest diese Zeilen und vielleicht bist du eine alleinerziehende Mutter oder ein Vater, die bzw. der getrennt von seinen Kindern lebt. Trotz allem, was in der Vergangenheit geschehen ist, gibst du dein Bestes, um für deine Kinder zu sorgen bzw. für sie da zu sein. Aber dann, ganz plötzlich, kriecht von jetzt auf gleich ein Gedanke in dir hoch: „Du bist eine schlechte Mutter. / Du bist ein schlechter Vater. Nichts kriegst du gebacken."

Eine Lüge, die den gleichen Klang hat wie jene von Sanballat und Tobija.

Vielleicht aber bist du auch verheiratet und auf Abstand gegangen zu deinem Partner und eurer Ehe. Oder du hast bereits die Tür einen Spalt weit für jemand anderes geöffnet. Schlangen, die langsam aus der Tiefe – aus dem Reich des Widersachers – an die Oberfläche kriechen, sind meist sehr listig. Nur mit ihrem tückischen Gift, das sie verspritzen, versuchen sie deinen Kopf und dein Herz bereits von Beginn an zu erreichen: „Das Gras bei der Nachbarin ist einfach grüner." Oder: „Er hört mir wenigstens zu." Am häufigsten flüstern sie aber: „Nun ist es an der Zeit, dass ich endlich mal wieder an mich denke." Oder: „Unsere Ehe ist doch sowieso schon am Ende. Mein Mann wird sich niemals ändern."

2. Von allen Seiten

Neben der Strategie der Lüge und des Spotts wenden Sanballat und seine Bösewichte noch eine andere an: Sie schmieden einen Komplott, um Jerusalem von allen Seiten gleichzeitig anzugreifen.

Als Sanballat und Tobija, die Araber, die Ammoniter und die Einwohner von Aschdod erfuhren, dass der Aufbau der Jerusalemer Mauer Fortschritte machte und die letzten Lücken schon fast geschlossen waren, gerieten sie in Wut. Sie verbündeten sich, um Jerusalem anzugreifen und unsere Pläne zu durchkreuzen. Nehemia 4,1–2

Für Jerusalem wird die Situation akut bedrohlich. Sanballat greift aus nördlicher, Gaschmu aus südlicher, Tobija aus östlicher und die Philister aus westlicher Richtung an. Von allen Seiten und zugleich kommen die Feinde anmarschiert.

Ähnlich verhält es sich bei vielen Familien: Der erste Angriff, den sie erleiden, beginnt meist durch Lüge und Spott. Und ehe die Ehepartner der Situation gewahr werden, setzt bereits die nächste Phase des Angriffs ein – wie aus dem Nichts ist auf einmal die Hölle los. Nicht selten erzählen betroffene Ehemänner wie Ehefrauen, wie sich plötzlich eine Bombe an die nächste reihte, platzte und diese versuchten, die Familienmauern einzureißen: Einer der Ehepartner verliert seinen Job, ein Kind wird krank, ein Elternteil wird zum Pflegefall, der finanzielle Druck nimmt zu. In so einer Krisenzeit ist die Stimmung innerhalb der Familie meist gereizt und jeder ist nervlich am Limit. – So oder so ähnlich kann sich Finsternis über die Familie ausbreiten und mit all ihrer Macht zuschlagen, mit dem Ziel, in der Stadt, in ihrem Kern, für Verwirrung zu sorgen sowie Tod und Verderben zu säen.

Ein trauriges Lied

Die Arbeiter an den Mauern Jerusalems sind durch die Angriffe so entmutigt, dass sie ein Klagelied anstimmen:

Die Kraft der Träger reicht nicht mehr, der Schutt ist viel zu viel. Alleine ist es uns zu schwer, wir kommen nie ans Ziel. Nehemia 4,4

Kennst du diese Melodie?

Die Situation, die sich in Jerusalem im fünften Jahrhundert vor Christus abspielte, gleicht im übertragenen Sinn der vieler Familien heute. Denn gibt es keine Mauern mehr, die deine Familie schützen, und dein Herz ist völlig erschöpft, jeden Moment kann die Stadt fallen und vom Feind überwältigt werden.

Hab keine Angst und kämpfe!

Nehemia aber wirft nicht einfach das Handtuch. Weder Mut noch

Hoffnung gibt er auf. Er versammelt das Volk und spricht zu den Leuten:

„Habt keine Angst vor ihnen! Vertraut dem Herrn, denn er ist groß und mächtig. Kämpft für eure Brüder und Söhne, für eure Töchter und Frauen und für eure Häuser!" Nehemia 4,8

Denke an den Herrn und kämpfe! – Es gibt Dinge im Leben, die wichtig genug sind, um für sie zu kämpfen: deine Ehe; die Institution der Ehe als solche; das Wohl und die Zukunft deiner Kinder; die Heiligkeit und Sicherheit deines Hauses.

Kämpfe dafür!

Manche von uns haben aber den Mut, für die eigene Familie zu kämpfen, bereits aufgegeben. Weil die Situation scheinbar aussichtslos ist. Wie der verlorene Sohn im Gleichnis Jesu ist dein Kind meilenweit von deinem Zuhause entfernt – vielleicht nicht einmal räumlich –, aber du weißt einfach nicht mehr, wie du sein Herz noch erreichen kannst.

Kämpfe dafür!

Bei vielen ist die Ehe über Jahre einen stillen Tod gestorben. Vielleicht haben Zeiten der Intimität, Sex und Erotik, Seltenheitswert erlangt und eure Zeit zu zweit gleicht eher dem Kalten Krieg oder einem Nichtangriffspakt statt schönen Sonnenuntergangsstunden auf dem „Love Boat".

Kämpfe dafür!

Im persönlichen Umfeld sind Verwandte, Freunde oder Bekannte auf eine egozentrische vielleicht sogar sehr schiefe Bahn geraten.

Ehrwürdige und redliche Ideale sind durch Träume von einem Trip auf eine sonnige Insel ersetzt worden und es geht nur noch um das „Mehr-haben-wollen" und alles nur „für einen selbst". Du siehst diese Freunde, die den rechten Weg verlassen haben und wie sie ziellos und apathisch in ihrem Leben umherirren.

Kämpfe dafür!

Kämpfe für deinen Partner, deine Söhne und Töchter, dein Haus und deine Freunde!

Zwei Vorgehensweisen

Jeden Moment drohte der Feind in die noch nicht fertig ummauerte Stadt einzudringen und diese zu verwüsten. Gleichzeitig war die Moral des Volkes am Boden. Inmitten dieses Chaos fiel Nehemia auf seine Knie und betete.

Wir aber flehten zu unserem Gott [...]. Nehemia 4,3

Nehemias Schlachtplan beinhaltete zwei strategische Vorgehensweisen, wobei das Gebet bereits eine ganz entscheidende Rolle spielte. So auch bei uns: Wir müssen zu Betern werden, wenn wir erfolgreich für unsere Familie kämpfen wollen.

1. Bete
Während der Charakterwochenenden von „Der 4te Musketier" verbringen wir mit einer Hundertschar Männer vier Tage draußen im Freien, in Gottes unnachahmlicher Natur. In kleinen Teams durchstreifen die Männer die Wildnis und verinnerlichen durch die körperliche Herausforderung geistliche Lektionen. Die

„Nachtwache" ist für Theo und mich (Henk) einer der schönsten Momente während dieser Tage. Die Männer sind den ganzen Tag gelaufen, sind völlig erschöpft in ihre Zelte gekrochen und werden nur ein paar Stunden später, in der Stille der Nacht, wieder geweckt. Schläfrig schlurfen die Männer dann zu einem Lagerfeuer, wo wir alle versammeln. Sie motzen aufgrund der Kälte, der Müdigkeit und der Unsicherheit, da sie nicht wissen, was als Nächstes passieren wird. In einer kurzen Andacht erzählt ihnen dann ein Sprecher, wie enorm wichtig das Gebet für die eigene Familie ist und die Männer kriegen daraufhin den Auftrag, die nächste Stunde zu wachen und diese 60 Minuten für ihre Familie daheim zu beten.

Ich weiß noch genau, wie ich in den belgischen Ardennen zu einem Baum lief, in der Einsamkeit nach Gott suchte und dort für meine Frau und meine Kinder betete. Überall sah ich andere Männer, alleine oder in kleinen Gruppen. Sie knieten, liefen oder standen einfach nur auf weiter Flur. Hunderte Männer, die plötzlich wach waren und zeigten, dass es ihnen wichtiger war, eine Stunde lang für ihre Familien zu beten statt zu schlafen. Ich fand diesen Anblick einfach nur herrlich und spürte förmlich, wie sich Gottes Geist ausbreitete und unter den Männern wirkte, mitten auf der nassen, mit Kuhfladen bedeckten, Wiese. Nach einer Stunde ertönte ein Pfiff; er war das Zeichen, dass die Stunde vorbei war. Die Männer suchten nun wieder ihre Zelte auf. Ich kroch in meinen Schlafsack und freute mich darauf, ein paar Stunden später einen neuen Tag voller Abenteuer zu erleben. Während des Frühstücks hörte ich, wie einer der Männer erzählte, dass er nachts zur Toilette hinter einen Baum musste und auf dem Weg dorthin über einen großen Baumstumpf stolperte. Der Baumstumpf erwies sich jedoch als ein schlafender Mann, der etwas länger im Gebet versunken geblieben war.

Entwickele Muster für dein Gebet

Ich weiß von mir selbst, dass es manchmal echt ein Kampf ist, sich Zeit fürs Gebet zu nehmen. Meist ertappe ich mich dann selbst dabei, wie ich denke, dass ich für das Anliegen ja auch noch später beten könnte und erst noch die Sache erledigen will, mit der ich gerade beschäftigt bin. Doch meist spielt es sich so ab: Habe ich die Sache zu Ende gebracht, fällt mir plötzlich auf, dass ich ja zur Toilette muss. Also gehe ich kurz. Doch danach verspüre ich auf einmal das Bedürfnis, etwas zu trinken. Anschließend erhalte ich einen Anruf, woraufhin ich jemandem dringend eine E-Mail schreiben muss ... und so weiter.

Dass wir beten, will jemand verhindern. Und er kennt sich sehr gut damit aus, wie es ihm gelingt, Dinge zu verwirren und zu unterbinden, dass wir sie tun. Doch uns muss noch viel bewusster werden, dass jeder siegreiche Kampf für Dinge, die einen ewigen Wert haben, mit einem Gebet beginnt. Nimm dir daher bewusst Zeit für dein Gebet. Plane beispielsweise eine feste Uhrzeit oder einen festen Ort für dich ein, an dem du nicht gestört wirst. Martin Luther sprach nicht umsonst vom „stillen Kämmerlein".
Mach es zu einer festen Gewohnheit, deine Familienmitglieder jeden Tag aufs Neue im Gebet vor Gott zu bringen. Bitte um Bewahrung, dass sie nach Gottes Willen leben und für ihre ganz speziellen Nöte. Und solltest du einmal nicht mehr wissen, was du beten sollst, dann können dir die Psalmen der Bibel Hilfe und Inspiration sein. Bete sie doch einmal nacheinander durch. Dein Gebetsleben kann dadurch wirklich wieder neu zum Leben erweckt werden.

2. Halte Wache
[…] und stellten Tag und Nacht Wachen auf. Nehemia 4,3

Nehemia stellte Nachtwächter auf und positionierte diese genau an den Stellen, an denen die Mauer am niedrigsten war. Wo befindet sich in deiner Familie der angreifbarste Punkt? Schenk dieser Schwachstelle besonders viel Aufmerksamkeit – mit einer offenen Bibel (nach Epheser 6: einem Schwert) und mit offenen Zugängen zum Himmel (nach Epheser 6: einem Bogen).

Ein Wächter hat eine wichtige Aufgabe: Er passt genau auf, was alles um ihn herum passiert und schlägt bei Not Alarm. Eine eingeschliffene Denke wie „Was in unseren vier Wänden passiert, bleibt auch hier", zu entkräften, funktioniert nicht immer so einfach, wie wir uns das vorstellen. Es gibt Zeiten, in denen wir bei ernsthaften Problemen andere um Hilfe bitten müssen: Freunde, Mentoren, geistliche Weggefährten, Eheberater.

Wie sieht es rund um deine Festung aus? Benötigst du eventuell Hilfe in deiner Ehe? Oder dabei das Herz deiner Kinder (wieder) zu erreichen? Dann schlag Alarm! Hole dir Verstärkung und beauftrage einen „Wächter", um auf deine Familie achtzugeben.

Vielleicht aber hat Gott dich gesegnet, dass du selbst gerade genug Zeit und Energie hast, um für einen guten Freund oder eine gute Freundin ein Wächter zu sein. Dann ergreif die Initiative und biete deine Unterstützung an. Zum Beispiel kannst du sagen: „Darf ich dir Rückendeckung geben? Du gibst wirklich dein Bestes, aber ich möchte, dass du weißt, dass ich für dich und deine Familie bete. Kann ich euch vielleicht bei irgendetwas behilflich sein?"

Durch unsere Männerbewegung wissen wir, dass viele Väter den Draht zu ihren Söhnen verloren haben. Nur braucht es relativ lange, bis sie das selbst einsehen und darüber sprechen können. Weißt du, was deinem Kind Angst macht und was es glücklich sein lässt? Du kannst gemeinsam mit deinem Sohn unter einem Dach leben und dennoch nicht wissen, was in seinem Herzen vorgeht. Vielleicht haben sich bereits finstere Mächte in sein Leben geschlichen oder er ist einem übermäßigen Alkoholkonsum verfallen, nimmt Drogen oder schaut Pornos. Vielleicht ähnelt dein Kind dem verlorenen Sohn aus dem gleichnamigen Gleichnis Jesu. Er bzw. sie hat kein Hab und Gut mehr und knabbert an den letzten Rinden – so wie die Schweine – fern in einer anderen Stadt oder im Ausland. Falls dem so ist, gib deinen Sohn bzw. deine Tochter nicht auf!

Kämpfe um die Seele deines Kindes!
Bitte Freunde und Geschwister deiner Gemeinde, ob sie mit dir beten können. Positioniere Wachposten an der niedrigsten Stelle deiner Familienmauer und kämpfe! Kämpfe und warte so lange, bis dein Kind wieder heil zu Hause angekommen ist.

Die niedrigsten Abschnitte der Mauer

Die Tatsache, dass Nehemia an den niedrigsten Stellen der Mauer zusätzliche Wächter positionierte, sollte vor allem junge Väter berühren und ansprechen. Denn in ihrem Leben herrscht, so wie bei vielen im Alter zwischen 30 und 40 Jahren, die kleine Kinder haben, ein andauernder Kampf, in dem es darum geht, genügend Zeit für die Familie zu haben. Wir Männer stehen dabei allerdings in der Spannung, dass es immer noch eine bedeutende Chance mehr gibt, die wir ergreifen müssten, oder es kommt irgendwo zu einer Notsituation, wo wir mit unserer gesamten Aufmerksamkeit gefordert sind, oder es ist noch ein Haufen an Aufgaben liegen geblieben. Zusätzlich kommen neben dem Wunsch nach sportlichem Ausgleich unregelmäßige Arbeitszeiten (oftmals abends oder an den Wochenenden) und mentale Angelegenheiten hinzu, zum Beispiel wenn wir unter dem Druck stehen, bald wieder eine

Präsentation abzuliefern, eine Predigt vor Hunderten Menschen zu halten oder wichtige Abschlüsse zu tätigen.

Inmitten all dessen – des Überflusses von aufregenden Möglichkeiten und hohen Erwartungen – merken wir Männer meist erst recht spät, dass unsere Familie dafür letztendlich die Rechnung bezahlt.

In den ersten Jahren meiner Ehe hatte ich (Henk) oftmals große Probleme damit, meine Zeit einzuteilen. Meistens war meine Agenda vollgestopft mit viel zu vielen Terminen, denn ich wollte die Menschen um mich herum nun mal nicht enttäuschen. Immer wieder musste ich feststellen, dass bei all dem meine Familie viel zu kurz kam. Schließlich kam ich zu dem Entschluss, dass ich für meine Familie radikale Entscheidungen treffen musste. Das bedeutete zunächst einmal, dass ich lernen musste, Nein zu sagen. Nicht jede Gelegenheit musste sofort beim Schopfe gepackt werden und nicht jede Anfrage für einen Vortrag gehörte zu dem Plan, den Gott für mich vorgesehen hatte. Genauso hatte ich die Tatsache einzusehen, dass nicht ich derjenige war, der für jedes seelsorgerliche Problem in meinem Umfeld eine Lösung zu finden hatte.

Meine Aufgabe bestand vielmehr darin, genügend Zeit für Momente, in denen meine Familie bislang zu kurz kam, wieder einzuplanen. Und zwar nicht nur ein bisschen, sondern wirklich ausreichend. Darüber hinaus stellte ich fest, dass es auch sehr wichtig ist, feste Freiräume für mich selbst einzuplanen, in denen ich mich meinem Sport oder kreativen Dingen widmen kann, die meiner Produktivität zugutekommen.

Jahresrhythmus

Mit meiner Familie habe ich seitdem einen bestimmten „Jahresrhythmus", der allerlei Aktivitäten beinhaltet, denen wir gerne gemeinsam nachkommen. Im Spätsommer und Herbst finden wir es beispielsweise total klasse, gemeinsam durch den Wald zu spazieren. Dabei genießen wir die blühende Heide, spielen Verstecken, machen „Schwertkämpfe" und suchen nach Pilzen. In der Winterzeit spielen wir zusammen gerne unterschiedliche Gesellschaftsspiele und wir gehen Ski- und Schlittschuhlaufen. Während wir uns im Frühling mindestens einmal in der Woche gemeinsam auf den Weg zu einem See machen, bevorzugen wir im Sommer vor allem das Schwimmen im Meer und sind öfters mit unserem Zelt unterwegs. Heute trage ich mir in meinen Jahreskalender zuallererst immer die Ferien und beweglichen Ferientage meiner Kinder ein. Die Tätigkeiten, die „Der 4te Musketier" und die Gemeinde, in der ich als Pastor tätig bin, betreffen, plane ich um diese Tage herum. Und ich stelle fest, dass diese ausgewogene Balance zwischen Familie, Arbeit und Kirche allen guttut. Der niedrigste Teil der Mauer ist somit gestärkt, und dadurch eröffnet sich für mich noch genügend Freiraum, um für andere ein Wachposten zu sein.

Vielleicht betrifft die niedrigste Stelle der Mauer in deinem Leben gar nicht deinen Umgang mit Zeit. Es kann gut sein, dass sich der Schauplatz deines Kampfes eher auf die Bereiche deiner Partnerschaft oder auf dein Verhältnis zu eines deiner Kinder bezieht. Vielleicht aber gibt es auch große finanzielle Probleme oder du kämpfst mit einer Sucht, die all deine Lebensfreude erstickt. Wo auch immer sich der Schwachpunkt genau befindet: *Kämpfe!* In unserem Leben haben wir es mit den hinterhältigen Stolperfallen einer sterbenden Schlange zu tun. Ihre Strategien sind uns nicht unbekannt. Darum: *Unternimm etwas und kämpfe!*

Ihr Männer, kämpft um und für eure Frauen!
Ihr Frauen, kämpft um und für eure Männer!
Ihr Väter und Mütter, kämpft für eure Söhne und Töchter!

DIE KRAFT
DER
FREUNDSCHAFT
KAPITEL 5

Von allen Kapiteln des Buches hatte ich (Henk) die meiste Freude daran, dieses zu schreiben: ein Kapitel über Freundschaft. Und wenn ich einen Kraft-Katalysator benennen müsste, der für Auftrieb und Antrieb im Leben sorgt, dann kann es sich meines Erachtens nur um die Kraft handeln, die durch wahre Freundschaft entsteht.

In den vergangenen Jahren habe ich als Pastor sehr oft über das Thema „Freundschaft" gesprochen. Meistens basierten meine Worte auf der Geschichte und der tiefen Freundschaft von David und Jonathan. In den Gesichtern meiner Zuhörer konnte ich oft erkennen, wie berührt sie von diesem Thema waren. Manche weinten sogar, da sie sich nach einer wahren und tiefen Freundschaft sehnten, wie ich später erfuhr. Anderen wiederum war deutlich ein Bewusstwerden anzuerkennen, dass sie etwas, was ihrem Leben früher so viel Glanz verlieh, irgendwo unterwegs verloren hatten – einen guten Freund oder eine gute Freundin. Es gab aber auch einige, die nach meinen Erzählungen beschlossen, sich wieder neu oder vielleicht sogar zum ersten Mal auf den Weg zu machen, eine wahre Freundschaft zu suchen und aufzubauen.

Theo und ich halten das Thema Freundschaft für ungemein wichtig. Nicht nur weil wir beide sehr eng miteinander befreundet sind, sondern auch weil wir in den letzten Jahren deutlich gemerkt haben, wie sehr eine Freundschaft das eigene Leben bereichern kann. Wir sind uns sicher: Eine Freundschaft zu jemandem zu haben, ist kein Luxus, sondern eine unabdingbare Notwendigkeit. Ohne Freunde wäre ich vielleicht gereizt oder depressiv und hätte in der Vergangenheit vermutlich Entscheidungen getroffen, die mir später sehr leidgetan hätten oder die ich schlichtweg bereut hätte. Freundschaften haben mich jedoch davor bewahrt. Insofern schützt, läutert und ermutigt es dich, wenn du einen Freund an deiner Seite weißt.

In der Heide

Theo und ich pflegen unsere Freundschaft durch regelmäßige Treffen. Wir verabreden uns alle sechs Wochen – für jeden auf halber Strecke des Weges – im Nationalpark Dwingelderveld, der größten Heide Westeuropas. Um sieben Uhr morgens treffen wir uns dann auf dem Parkplatz eines Hotels und nach einer Begrüßungsumarmung starten wir auf unserem 18 Kilometer langen Trimmpfad, der uns über unebene und schmale Pfade, auf denen man kaum nebeneinander laufen kann, und durch kilometerlange Abschnitte, die lediglich aus lockerem Sand bestehen, führt. Höhepunkt unserer Runde ist jedes Mal die Stelle, an der wir in das Heidefeld hineinlaufen. Dort liegt dann ein sechs Kilometer langes und ebenso breites Heidefeld vor uns – eine endlose Leere im sich ausbreitenden Glanz der aufgehenden Sonne. Wir sind jedes Mal ergriffen von diesem wundervollen Anblick.

Während wir laufen, sprechen wir miteinander. Der eine schüttet dem anderen sein Herz aus, über die Dinge, die passiert sind oder in naher Zukunft vor der Tür stehen. Auf dem Heidefeld jedoch kommt es öfter vor, dass wir einander sagen: „Lass uns jetzt kurz still sein!" Schweigend laufen wir dann weiter und genießen dabei die Weite, das aufgehende Sonnenlicht und die Stille.

Nach unserem Training waschen wir uns im Hotel, um anschließend ein ausgiebiges Frühstück zu genießen. Der Kellner, der uns bereits kennt, bringt uns einen Smoothie und innerhalb der nächsten zwei Stunden geben wir unser Bestes, die zuvor verbrannten Kalorien durch das Essen wieder aufzunehmen. Auch während des Frühstücks unterhalten wir uns nahezu pausenlos; uns mangelt es nie an Gesprächsstoff. Immer wieder stellen wir gegen Ende fest, dass wir eigentlich sogar zu wenig Zeit miteinander haben und dass diese Treffen jedes Mal aufs Neue eine riesige Freude sind. Ja, Freundschaft ist wirklich etwas Fantastisches.

In der Vergangenheit haben Theo und ich oft David und Jonathan herangezogen, um über das Thema Freundschaft zu sprechen – so auch in unserem Buch „Der vierte Musketier". In diesem Kapitel möchten wir allerdings einen neuen und frischen Impuls im Hinblick auf echte Freundschaft setzten und haben uns daher im Vorfeld die beiden Jünger Johannes und Petrus angesehen und ihre Art der Freundschaft. Wir haben dabei ein paar besondere Dinge entdeckt. Insofern nehmen wir dich jetzt mit hinein in das Leben zweier Männer, die sich einander wahrscheinlich nicht als Freunde ausgesucht hätten, aber durch die Regie des Himmels zu Seelenverwandten wurden.

Ein ungewöhnliches Paar

Auf den ersten Blick schien es sehr unwahrscheinlich zu sein, dass Petrus und Johannes irgendwann einmal ziemlich beste Freunde werden würden. Zwar waren die beiden Fischer und wohnten nah beieinander, an der Nordostküste des Sees Genezareths, nur damit hörten ihre Gemeinsamkeiten auch schon auf.

Die meisten Jünger waren Teenager, als sie begannen Jesus zu folgen. Von den Zwölf wird Johannes als der Jüngste und Petrus, gemeinsam mit Matthäus, als Ältester in der Bibel beschrieben. Es hängt ein bisschen davon ab, wo man die Grenze zieht, nur berichten die Evangelien von Petrus als einem verheirateten Mann von mindestens 18 Jahren und von Johannes als einem Teenager (12–15 Jahre). Doch die Männer im Gefolge Jesu unterschieden sich nicht nur aufgrund ihres Alters, sondern auch bezüglich ihrer Abstammung. Die Evangelien weisen deutlich auf die Familienverhältnisse von Johannes hin, die bis in die höchsten Kreise Jerusalems reichen. Petrus hingegen war einfacher Herkunft, weniger wohlhabend und einflussreich. Auch charakterlich müssen sich die beiden wie Tag und Nacht unterschieden haben. Petrus gilt als der Extrovertierte, Enthusiastische und Impulsive. Johannes hingegen wird als ein eher introvertierter Typ beschrieben, sehr treu und beziehungsorientiert. Dem Anschein nach gab es also wenig Gründe dafür, warum diese beiden ach so unterschiedlichen Männer dicke Freunde werden sollten. Aber es kam anders.

Unzertrennlich

Die Apostelgeschichte berichtet bereits in den ersten Kapiteln von Petrus und Johannes als einem unzertrennlichen Duo:

An einem Nachmittag gegen drei Uhr gingen Petrus und Johannes wie gewohnt zum Tempel. Sie wollten dort am gemeinsamen Gebet teilnehmen. Apostelgeschichte 3,1

Achte einmal auf die Worte, die der Schreiber Lukas hier benutzt: „wie gewohnt". Anscheinend waren Petrus und Johannes zu dieser Zeit oft gemeinsam unterwegs, um sich auf den Weg zum Tempel zu machen. Die Apostelgeschichte berichtet weiter, wie Gott dort einen gelähmten Mann durch Petrus und Johannes heilte. Es herrschte deswegen große Aufregung, doch die beiden Männer ließen sich nicht davon abbringen, der herbeiströmenden Menge freimütig zuzusprechen. Schließlich wurden sie sogar gefangen genommen und ihr Leben geriet in Gefahr. Doch selbst vor den Machthabern gaben Petrus und Johannes nicht nach und sie bezeugten weiterhin die Taten Jesu.

Später, in Apostelgeschichte 8, lesen wir davon, wie Gott Petrus und Johannes auf besondere Weise in Samaria gebraucht. Die Erweckung, die dort stattfindet, ist ein enormer Durchbruch für das Evangelium und zugleich bahnbrechend für das Denken der jungen Gemeinde in Jerusalem.

Petrus und Johannes erleben hautnah mit, wie die Gemeinde in Jerusalem zu einer riesigen Menge von rund zehntausend Besuchern wächst. Gleichzeitig werden sie von Gott dazu gebraucht, Wunder zu vollbringen, zu predigen und das Evangelium zu verkünden. Der Apostel Paulus bezeichnet später im Brief an die Galater (2,9) Petrus und Johannes sogar als zwei von insgesamt drei Säulen der Gemeinde Jesu Christi im ersten Jahrzehnt nach der Auferstehung Jesu.

So unterschiedlich Petrus und Johannes in Charakter, Herkunft und Alter auch waren, ihr Leben – ihr Reden und Tun – ist eng miteinander verknüpft. Für die Sache Jesu ziehen sie gemeinsam an einem Strang, sodass man ihre Namen fortan in ein und demselben Atemzug erwähnt.

Vorher und nachher

Auffällig, was die Namen betrifft, ist auch, wenn man die Reihenfolge der Namen der Jünger vor und nach dem Tod und der Auferstehung Jesu einmal miteinander vergleicht. Der Evangelist Lukas gibt die Namen der Jünger in dieser Reihenfolge wieder:

Es waren Simon, dem er den Namen Petrus gab, und Simons Bruder Andreas; dann Jakobus und Johannes [...]. Lukas 6,14

Er nennt Petrus an erster und Johannes an vierter Stelle.

In der Apostelgeschichte, ein paar Jahre später, listet derselbe Lukas eine andere Reihenfolge auf:

Es waren Petrus, Johannes, Jakobus, Andreas, [...]. Apostelgeschichte 1,13

Allem Anschein nach hatte sich in den Beziehungen etwas deutlich verändert. Laut den Erfahrungen, die Lukas und die Menschen, die zur ersten Gemeinde gehörten, machten, wurde die Beziehung zwischen Petrus und Johannes sogar noch enger als die zu ihren Brüdern. Petrus und Johannes sind mit der Zeit beste Freunde geworden. Doch wie genau kam das?

Freundschaft in der Nähe Jesu

Andreas und Johannes waren die ersten beiden Jünger Jesu. Und so wie Andreas seinen Bruder Petrus zu Jesus brachte, war es bei Johannes ähnlich; auch er führte seinen Bruder Jakobus zu Jesus. Die Geschichte begann also nicht mit Petrus und Johannes, sondern mit Andreas und Johannes. Und wenn wir sie weiterverfolgen, stellen wir fest, dass sich die beiden Brüderpaare immer wieder in der Nähe von Jesus aufhielten. Darüber kamen Petrus und Johannes miteinander in Kontakt.

Freunde helfen sich gegenseitig

Im fünften Kapitel des Lukasevangeliums wird erzählt, wie Jesus von Petrus' Boot aus predigt. Anschließend beauftragt er Petrus, mitten auf den See hinauszufahren und am helllichten Tag zu fischen. Petrus gehorcht Jesus. Er wirft gemeinsam mit Andreas die Netze aus, und die beiden fangen so viele Fische, dass ihr Boot zu sinken droht. Glücklicherweise sind noch andere Fischer mit hinausgefahren. Aus Neugierde? Oder aus Respekt? Auf jeden Fall ist das Boot von Jakobus und Johannes so nah bei ihnen, dass diese in kürzester Zeit Hilfe leisten können. Die Fische werden nun auch in das zweite Boot geladen. Und Lukas berichtet im weiteren Verlauf, wie Jakobus und Johannes mit Petrus in dieser Situation „zusammenarbeiten".

Was zeigt uns diese Geschichte? – Es passiert etwas mit Menschen, wenn sie nah bei Jesus sind und den Sog seiner Wunder miterleben dürfen. Plötzlich sind die Jünger auf Hilfe angewiesen, sie reichen einander die Hand. Und gemeinsam erfahren sie wesentliche Dinge über Jesus, die in ihrem Alltag ein aufregendes Feuer entfachen.

Als mein Bruder, Jan, Pieter Cnossen, Theo und ich 2008 die christliche Männerbewegung „Der 4te Musketier" gründeten, hatten wir nicht im Geringsten damit gerechnet, dass diese Bewegung einmal eine solche Entwicklung erleben würde. Sieben Jahre später hat sie bereits weltweit in zwölf Ländern Fuß gefasst und die Herzen vieler Männer aber auch von Frauen erreicht. Und wir glauben, dass noch weitere Länder dazukommen werden.

Unser Gedanke damals, der uns zu einem Outdoor-Wochenende antrieb, war lediglich, ein paar Tage nahe bei Jesus zu sein und gemeinsam Abenteuer zu erleben. Schon bald aber begriffen wir, dass Jesus uns so viele „Fische" schenkte und anvertraute, dass wir einander die Hände zu reichen hatten. Und wir begriffen: Jesus nachzufolgen führt dazu, mehr als jemals zuvor füreinander da zu sein, denn diese Verbindung durch Jesus entfaltet eine ungeheure Kraft und bringt viel Weisheit hervor.

Freunde teilen schöne Momente miteinander
In den Jahren, in denen Petrus und Johannes Jesus als seine Jünger folgten, erlebten sie, wie sich schier endlos überwältigende Erlebnisse aneinanderreihten. Sie waren live dabei, als Jesus Blinde sehend machte, Aussätzige heilte und Besessene befreite. Die eindrucksvolle Speisung der 5.000, die Stillung des Sturms mitten auf dem See und die Auferweckung des Lazarus waren ihre gemeinsame Geschichte.

Abgesehen von diesen unglaublichen Ereignissen, die alle Jünger miterlebten, nahm Jesus Petrus, Jakobus und Johannes immer wieder mal zur Seite und teilte mit ihnen noch vertrautere Momente. So durften sie beispielsweise dabei sein, als die Tochter des Jaïrus auferweckt wurde. Auch nahm er sie mit auf den Berg der Verklärung und später in den Garten Gethsemane, dass sie gemeinsam mit ihm in den schwersten Stunden beten. All diese außergewöhnlichen Erlebnisse schufen zugleich ein besonderes Band der Freundschaft – nicht nur zu Jesus, sondern auch zwischen Petrus und Johannes.

Einer der ausschlaggebenden Gründe dafür, dass wir damals „Der 4te Musketier" gründeten, war für Jan, Pieter, Theo und mich der Gedanke, einen legitimen Grund dafür haben zu können, schöne Erfahrungen miteinander teilen zu können. Wir wollten unsere Freundschaften intensivieren und dabei Berge erklimmen, Wanderungen unternehmen und uns körperlich verausgaben. Und irgendwann war uns allen klar: Gemeinsame Erlebnisse stärken das Band der Freundschaft.

Ziemlich beste Freunde

Die beschriebenen Erlebnisse in der Nähe Jesu sind aus der gemeinsamen Geschichte von Petrus und Johannes nicht wegzudenken, sie erklären aber noch nicht völlig, warum gerade ausgerechnet Petrus und Johannes ziemlich beste Freunde geworden sind. Warum passierte das beispielsweise nicht zwischen Petrus und Jakobus?

Gemeinsam im Dienst für Jesus zu stehen, ihm nachzufolgen und das Erlebte miteinander zu teilen, schafft ein Fundament besonderer Erfahrungen, worauf sich eine tiefe Freundschaft aufbauen kann. Nur gibt es dafür keine Garantie. Wir glauben, dass das Geheimnis der Freundschaft zwischen Petrus und Johannes zweierlei beinhaltet: Zum einen wollte Jesus, dass diese beiden Männer Freunde werden, denn er war der Architekt ihrer Freundschaft. Zum anderen waren nicht die gemeinsamen, schönen Momente die letztlich ausschlaggebenden Faktoren, sondern vielmehr war es die Art und Weise, wie die beiden beachtliche Krisen gemeinsam meisterten.

Wahre Freundschaft hat einen himmlischen Stempel

Jesus wusste genau, wann er sich seinen Feinden ausliefern würde, um am Kreuz zu sterben. Er wusste auch, dass Petrus ihn dreimal verleugnen und dass alle Jünger ihn verlassen würden. Kein anderer als Jesus selbst war der Regisseur seines Todes und seiner Auferstehung. Mit diesem Wissen, was ihm und seinen Jüngern bevorstehen würde, bereitete er den letzten Abend mit seinen zwölf Freunden bis ins kleinste Detail vor. Und dann berichtet das Lukasevangelium plötzlich von jenem ungewöhnlichen Auftrag:

Am ersten Tag des Festes der ungesäuerten Brote, an dem das Passahlamm geschlachtet werden musste, gab Jesus seinen Jüngern Petrus und Johannes den Auftrag: „Bereitet alles vor, damit wir gemeinsam das Passahmahl essen können." Lukas 22,7–8

Petrus und Johannes sind wegen der ganzen Situation sehr angespannt. Sie wissen, die Atmosphäre innerhalb der Stadt ist gereizt. Dass sie hier in Jerusalem, während des Passahfestes, in der Nähe zu Jesus nahezu mit dem Tod „flirten", ist ihnen bewusst. Schließlich geben sich die Freunde wie Feinde Jesu immer deutlicher zu erkennen. Jeder Tag könnte ihr letzter sein. Und genau deswegen suchen sie mit Jesus und den anderen Jüngern des Nachts immer wieder nach einem Unterschlupf außerhalb der Stadtmauern. Doch jetzt sollen sie das Passahmahl vorbereiten? Wo? Und wie?

Der Regisseur weiß es. Jesus gibt Petrus und Johannes einige Hinweise über einen Mann mit einem Krug und einen oberen Saal. Entschlossen machen sich Petrus und Johannes auf den Weg und führen die Sache aus.

Was muss den beiden bei diesem Auftrag durch den Kopf gegangen sein? Jedenfalls haben sie eine Aufgabe zu bewältigen, die sie sehr miteinander verbindet. Und Jesus war sich dessen bewusst. Er koppelte diese beiden Männer aneinander, denn er war der Meinung, dass es an der Zeit war, dass diese beiden – der Älteste und der Jüngste, der Wohlhabende und der Anspruchslose, der Verheiratete und der Alleinstehende – ihre Herzen miteinander entdecken sollten, und zwar in dem Mut, alles für ihn zu tun. Und aufgrund dieses gemeinsamen Auftrages entstanden zwischen Petrus und Johannes Kameradschaft und Respekt.

Zwei drehen um

Nach dem Passahmahl überschlagen sich die Ereignisse: Im Garten Gethsemane werden Jesus und seine Jünger umzingelt. Petrus hat als Einziger den Mut zu kämpfen und schlägt einer Wache ein Ohr ab. Anschließend beruhigt kein geringerer als Jesus selbst die erhitzten Gemüter und lässt sich gefangen nehmen. Daraufhin fliehen die Jünger – bergauf, mitten in die dunkle Nacht hinein. Alle. Nur zwei der elf drehen wieder um und schleichen zurück, um Jesus und seinen Angreifern zu folgen. Es sind Petrus und Johannes.

Um gemeinsam mit Petrus in das Haus des Hohepriesters zu gelangen, in das Jesus gebracht wurde, lässt der wohlhabende und gutsituierte Johannes seine Kontakte spielen. Dort, im Hof, läuft allerdings absolut alles schief. In der Gegenwart Jesu verleugnet Petrus seinen Meister dreimal. Und Johannes ist dabei, als der Hahn kräht und Petrus niedergeschmettert wegläuft.

Wir machen an dieser Stelle einen kleinen Exkurs und einen zeitlichen Sprung: Jesus ist bereits gestorben und auferstanden. Sein Grab ist leer. Und wieder sehen wir Petrus rennen, dieses Mal gemeinsam mit Johannes. Sie rennen zum Grab.

Es liefen aber die zwei miteinander und der andere Jünger lief voraus, schneller als Petrus, und kam zuerst zum Grab. Johannes 20,4 (LÜ)

Johannes blieb vor dem Grab stehen und streckte sich aus, um der Situation, die sich in dem Grab ereignet hatte, gewahr zu werden. Kurz darauf trifft Petrus völlig außer Atem ein und kommt ins leere Grab gestürzt.

In deiner dunkelsten Nacht

Seit den dramatischen Ereignissen des Passahfest-Wochenendes sind Petrus und Johannes unzertrennlich. Sie waren es, die den geheimnisvollen Auftrag Jesu erfolgreich zu Ende brachten. Sie waren es, die mitten in der Nacht Jesus und der bewaffneten Bande hinterhergeschlichen waren. Sie waren es, die bis in die Höhle des Löwen vorgedrungen waren und Jesu Gefangenschaft miterlebt hatten. Und letztlich war Johannes zugegen, als Petrus den Fehler seines Lebens beging und Jesus verleugnete.

Wahre Freundschaft besteht nicht nur darin, Schönes miteinander zu teilen. Vielmehr entsteht tiefe Freundschaft oft unter großem Druck, inmitten einer Krise, vielleicht sogar in einem Mix aus mutigen wie schwachen Momenten.

Manche Männer verbringen enorm viel Zeit ihres Lebens gemeinsam mit ihren „Freunden" in Klubs, auf Festen oder beim Fußball. Doch wie viele dieser Art von Freundschaften gehen über schöne Momente und ab und an eine helfende Hand hinaus? Wir sind überzeugt, erst wenn du mit einem Freund Schulter an Schulter durch beängstigende Situationen gehst und in schweren Krisen füreinander da bist, erst dann wird eine Freundschaft entstehen, die von Dauer und Tragkraft ist.

Jedes Jahr gegen Ende des Sommers überfällt mich (Henk) eine Schwermut, die bis hin zu depressiven Gefühlen reicht. Mit Schrecken blicke ich der dunklen Jahreszeit entgegen, die zudem wieder neue Aufgaben und Verantwortlichkeiten von mir verlangt. Früher behielt ich meine Empfindungen darüber geheim, was für mich bedeutete, dass ich noch viel tiefer in mein Loch hineingeriet. Ich beschloss aber irgendwann, Theo von dieser schwermütigen Phase zu erzählen. Allein das war für mich erleichternd. Aber was noch viel besser ist: Seitdem kümmert sich Theo jedes Jahr im Spätsommer besonders um mich. Er ruft mich an und fragt, wie es mir geht, nimmt sich extra viel Zeit für mich und betet für meinen Gemütszustand. Bei ihm kann ich jetzt nicht mehr Versteck spielen. Meine Gefühle liegen wie eine offen Wunde vor ihm und er ist gerne bereit, diese als mein Freund zu versorgen. Schwermut hat somit wenig Chancen bei mir, noch Überhand zu gewinnen. Und ich darf nun jeden neuen Herbst mit viel mehr Freude und Energie angehen. Letztlich ist eine Freundschaft, die inmitten einer Krise entfacht wird, eine gewaltige „G-Kraft"!

Von seiner besten Seite

Infolge der Ereignisse in dieser Krisennacht zeigt sich die Freundschaft von Petrus und Johannes von ihrer besten Seite:

Nach der Auferstehung Jesu erzählt Johannes seinem Freund Petrus, dass die Person, die am Ufer erschienen ist, niemand anderes ist als Jesus selbst.

➤ *Ein wahrer Freund ist in der Lage, dich auf die Hand Gottes in deinem Leben hinzuweisen.*

Petrus fragt später Jesus nach der Zukunft von Johannes.

➤ *Ein wahrer Freund macht sich Gedanken um deine Zukunft und hat nur das Beste für dich im Sinn.*

Petrus hält an Pfingsten eine grandiose Rede. Johannes ist dabei.

➤ *Ein wahrer Freund ist ein Zeuge deiner „besten Stunde".*

Petrus und Johannes gehen täglich gemeinsam zum Tempel, um dort zu beten.

➤ *Wahre Freunde suchen gemeinsam immer wieder das Angesicht Gottes.*

Petrus ist bei der Heilung des gelähmten Mannes am Tempel federführend am Zug. Aufgrund dieser Heilung werden Petrus und Johannes festgenommen. Johannes hätte „die Schuld" auf Petrus schieben können, sodass er selbst straffrei hätte davonkommen können.

➤ *Wahre Freunde fallen einander nicht in den Rücken, selbst unter enormen Druck.*

Der Urheber aller Freundschaft ist auch bei dir

Obwohl Petrus und Johannes durch die Ereignisse rund um den Tod und die Auferstehung Jesu zu besten Freunden wurden, verbrachten sie nicht den Rest ihres Lebens miteinander. Petrus reiste gemeinsam mit seiner Frau umher, um Gemeinden zu gründen und diese zu ermutigen. Später wurde er gefangen genommen und etwa 65 n. Chr. in Rom getötet. Johannes lebte etwa dreißig Jahre länger als Petrus und arbeitete vor allem in Kleinasien, wo er um die erste Jahrhundertwende herum starb.

Am Beispiel von Petrus und Johannes wird deutlich, wie sehr der Urheber aller Freundschaft, Gott selbst, bei ihnen war. Kein geringerer als Jesus selbst hatte Petrus und Johannes zusammengeführt. Er war es auch, der die beiden in die Nachfolge rief, die sie bis ans Ende der Erde und bis ans Ende ihres Lebens führte. Und diesen Auftrag vollendeten die Freunde letztlich auf getrennten Wegen. Doch sie wussten beide bis ans Ende ihres Lebens, dass sie irgendwo auf dem Planeten einen echten Freund hatten. Jemanden, der mit ihnen nicht nur die schönsten, sondern auch die schwersten Momente durchgemacht hatte und sie dennoch, oder besser gesagt genau deswegen, von ganzem Herzen liebte. Dieses Wissen gab den beiden Kraft, bis ans Ende durchzuhalten und darüber hinaus die Möglichkeit, vielen anderen ihre Freundschaft anzubieten. Denn hat jemand einen guten Freund, kann er für zahlreiche andere Menschen zum Freund werden.

BIS DASS DER TOD UNS SCHEIDET

KAPITEL 6

In diesem Kapitel legen wir den Fokus auf die Ehe. Und zwar aus gutem Grund, denn in einer glücklichen Ehe verbirgt sich nämlich eine gewaltige Kraft. Ist deine Ehe gesund aufgestellt, dann schenkt sie dir Energie, dein Leben auf der Erde gut zu meistern und zugleich zu zweit ein Segen für andere Menschen zu sein. Allerdings ist es keineswegs selbstverständlich, dass eine Ehe gut läuft. Wer kennt nicht Geschichten von geschiedenen Paaren oder Paaren, die zwar noch zusammen sind, sich aber gegenseitig eher zur Last fallen, anstatt sich gutzutun?

Wir wollen daher fünf Prinzipien für eine gute Ehe vorstellen. Es sind Prinzipien, die uns in unseren eigenen Ehen im Laufe der Zeit immer wichtiger geworden sind. Natürlich sind wir keine ausgewiesenen Eheberater, zumal Theo wie auch ich (Henk) jeweils gerade mal dreizehn Ehejahre auf dem Buckel haben. Aber wir gehen fest davon aus, dass mit diesen fünf Prinzipien unsere

Ehefrauen weiterhin so sehr Gefallen an uns finden, dass sie bereit sind, noch viele, viele weitere Jahre mit uns zu verbringen. Hier sind sie:

1. Wähle deinen Partner mit Gott

Lasst uns ganz am Anfang beginnen, und zwar bei der Wahl des richtigen Partners. In der Bibel stehen tolle Geschichten, wie Paare sich gefunden haben. Schau dir beispielsweise Isaak und Rebekka in 1. Mose 24 an. Dort sucht Abraham eine geeignete Frau für seinen Sohn Isaak und schickt seinen Knecht auf den Weg, um eine Frau für Isaak zu finden. Und in der Beschreibung, die daraufhin folgt, liegen wertvolle Weisheiten verborgen, worauf man bei der Wahl des Partners achten sollte:

Von Anfang an spielt Gott eine Rolle bei der Suche

Abraham will eine Frau für seinen Sohn, mit der sein Sohn Gottes Willen im Leben verwirklichen kann. – Suche dir einen Partner, dessen Lebensvision deiner eigenen Vision ähnelt. Sorge dafür, dass ihr nicht nur den Glauben an Gott miteinander teilt, sondern auch eure Intensität in der Nachfolge Jesu. Viele Menschen erleben nur den Bruchteil der Fülle ihres Lebens, die ihnen bestimmt ist, da sie mit jemandem verheiratet sind, der ihre Vision und Hingabe nicht teilt.

Der Knecht soll am richtigen Ort suchen

Der Knecht soll in dem Land seiner Abstammung suchen. – Bei der Partnersuche gibt es gute wie schlechte Orte. Suche am richtigen Ort nach demjenigen, der dich ergänzen soll.

Schaue nicht in erster Linie aufs Äußere

Die Bibel sagt, dass Rebekka sehr schön war. Und wenn die Bibel

„sehr" vor „schön" benutzt, heißt das, dass Rebekka wirklich bild-hübsch war. Doch als es soweit war und sie zum ersten Mal auf Isaak traf, verschleierte sie ihr Gesicht. – Die Stelle erinnert an das Vorgehen bei der Musik-Castingshow „The Voice of Germany", bei der in den sogenannten „Blind Auditions" Musiker ohne Anse-hen der Person, nur von ihrer stimmlichen Performance her, für das Weiterkommen ausgewählt werden. Auch wenn die Bibel ihre Augen vor Schönheit sicher nicht verschließt, werden wir dazu aufgefordert, einer Person zumindest die Chance zu geben, uns mit ihren inneren Werten zu überzeugen. Eine Phase, in der man sich beispielsweise ganz altmodisch Briefe schreibt, sich anruft oder mailt, kann dir die Möglichkeit geben, den wahren inneren Kern eines Menschen besser kennenzulernen.

Der Knecht suchte eine Frau mit außergewöhnlichem Charakter
Es war völlig normal, dass man einem Ermüdeten Hilfsbereit-schaft erwies. Aber das Angebot, alle Kamele mit Wasser zu versor-gen, war eine Geste, die die gängige Höflichkeit weit übertraf. Ein durstiges Kamel trinkt nämlich unglaublich viel, bis zu hundert Liter. Und der Knecht hatte rund zehn Kamele in seiner Kara-wane. Tausend Liter Wasser zu schöpfen, ist eine zeitraubende und schwere Arbeit. Aber Rebekka tat genau dies ohne jegliche Auffor-derung und zeigte somit öffentlich ihr liebevolles Herz. – Achte bei der Wahl deines Partners auf seinen Charakter.

2. Werde du selbst

Diese Aufforderung klingt vielleicht ein wenig merkwürdig, sie ist jedoch wirklich entscheidend für eine glückliche Ehe. Denn viele Menschen lassen ihre Frustration über sich selbst an den Men-schen aus, die ihnen am nächsten stehen und oftmals ist das der Partner. Je mehr du aber zu der Person wirst, die du in deinem tiefsten Herzen wirklich bist, wird es dir auch gelingen, deinen Partner so lieben und zu behandeln, wie es ihm gebührt.

Die Bibel fordert uns dazu auf, unsere Nächsten so zu lieben wie uns selbst. Theo und ich sind jedoch keine großen Befürworter der weit verbreiteten Ansicht, ein Mensch müsse sich erst selbst lieben, bevor er in der Lage ist, jemand anderen zu lieben. Denn manchmal haben wir auch einfach Probleme damit, zu lieben, obwohl unsere eigenen Gefühle dabei gar keine Rolle spielen. So kann eine Ehe beispielsweise in zahlreichen Therapiestunden versinken, weil einer der Partner erst lernen muss, sich selbst zu lieben. Aber wenn sich deine eigene Persönlichkeit gesund entwickelt hat, du sie pflegst und auf sie achtest, führt das in den meisten Fällen dazu, dass in dir Raum und Kraft entstehen, um deiner Ehe einen guten und gesunden Impuls voller Liebe zu geben.

In den Anfangsjahren meiner Ehe war ich (Henk) sehr unsicher bei dem Thema, wer ich selbst bin und was ich kann. Ich war darüber nicht nur unsicher, sondern auch davon überzeugt, dass ich die Grenzen meiner Energie, meines Könnens und meiner Möglichkeiten erreicht hatte. Ich empfand beispielsweise eine Abneigung gegen Reparatur- oder Renovierungsarbeiten im Haus, da ich diese einfach nicht bewältigen wollte. Ich lief vor diesen Baustellen meist weg und schob die zu erledigenden Dinge einfach vor mir her. Oder aber ich ließ mich einfach vor den Fernseher fallen und rührte keinen Finger mehr, wenn ich mich müde fühlte. Ich hatte mehrere tief greifende Erfahrungen mit Gott nötig, meist während eines Charakterwochenendes, um zu erkennen, dass ich viel mehr bewerkstelligen konnte, als ich dachte. Und Müdigkeit bekam eine völlig neue und viel untergeordnete Bedeutung. Denn auf den Charakterwochenenden erfuhr ich – durch die endlosen Wanderungen, Stunden in nächtlicher Kälte oder die Anstrengung während früher Trainingseinheiten für einen Marathon –, wie Gott meinen Charakter für die Anforderungen des

Lebens formte und abhärtete. Und das zahlte sich zu Hause aus. Komme ich nun heute an den Punkt, an dem ich müde werde, weiß ich, dass ich noch eine Extrameile gehen und durchhalten kann. Zu Erledigendes schiebe ich nicht länger vor mir her, sondern ich gehe es sofort an. Übrigens sehr zur Freude meiner Frau. Ich habe sogar richtig Lust daran gefunden, in unser Haus zu investieren und wenn ich etwas nicht kann, rufe ich jemanden an und frage, ob er mir dabei helfen kann. Und ich stelle an mir selbst fest: Den Henk mit dem tatkräftigen, geläuterten Charakter finde ich selbst viel attraktiver als den Henk, der ich in den ersten Jahren meiner Ehe war. Und Ruth, meine Frau, sieht das genauso. Denn es ist nicht nur so, dass ich heute mehr durchgreife und „straigther" bin als damals, sondern durch mein inneres Wachstum, das ich erlebt habe, ist gleichzeitig auch noch mehr Raum entstanden, um aktiv nach Möglichkeiten zu suchen, mit denen ich Ruth glücklich machen kann. Hierzu gehören zum Beispiel, dass ich ihr Freude mache durch Geschenke oder mir Zeit nehme für ein gemeinsames Mittagessen unter der Woche oder für eine gemeinsame Partie Tennis.

3. Tanke Energie

Unbeschwert und fröhlich zu sein, sind wichtige Schlüssel für eine blühende Beziehung. Denn Freude wirkt auf eine Beziehung so wie Sonnenlicht auf Solargeneratoren. Die Generatoren fangen die Sonnenenergie ein und wandeln diese in Elektrizität um, mit der wir letztendlich unseren Alltag, unter anderem unseren Haushalt, schmeißen können. Erfährt eine Ehe ausreichend „Energie der Freude", kann die Beziehung vielem Stand halten. Daher ist es entscheidend, herauszufinden, welche gemeinsamen Aktivitäten solch eine „Energie der Freude" schenken. Ruth und ich finden es beispielsweise herrlich, gemeinsam die TV-Serie „Downtown

Abbey" zu schauen, ein englisches Kostümdrama. Es mag nicht jedermanns Geschmack sein, wir aber finden es wirklich genial und haben im letzten Jahr oft die Höhen und Tiefen im Leben der Familie Crawley mitverfolgt.

Ungefähr einmal im Jahr machen Ruth und ich zu zweit einen Wochenendtrip, meistens in eine Stadt wie Den Haag oder Maastricht. Genauso gern genießen wir unsere gemeinsamen Ausflüge mit der Familie. Ab und zu unternehmen wir auch mal eine besondere Reise.

„Energie der Freude" wird nicht nur während gemeinsamer Aktivitäten entfesselt, sondern auch wenn jeder für sich mal alleine unterwegs ist. Ich weiß von Ruth beispielsweise, dass ihrem Energiepegel Abende mit ihren Freundinnen guttun, auch wenn sie von diesen Abenden meist erst sehr spät zurückkommt, wenn ich schon längst im Bett liege. Umgekehrt findet Ruth es super, wenn ich mir meine Laufschuhe anziehe, denn sie weiß, dass die Laufrunden meiner Liebe zu ihr auf sonderbare Art und Weise einen neuen Impuls geben. Es ist sehr wichtig zu wissen, bei oder durch was dein Partner positive Energie erfährt. Gib ihm oder ihr daher genügend Freiraum, um diese „Energie der Freude" zu bekommen. Es wird eurer Beziehung guttun!

Und selbstverständlich schenken Sex und Erotik, miteinander zu schlafen und sich zu berühren, besondere Energie und Freude. Gott hat uns die körperliche Intimität gegeben, um die Ehe zu feiern und um auf einem innigen Niveau miteinander zu kommunizieren, auf dem jegliche Worte scheitern würden. Miteinander intim zu sein, entspannt, verbindet und befreit. Über eine sexuell blühende Beziehung innerhalb der Ehe jubelt die Bibel sogar – deutlich erkennbar im Hohelied der Liebe. Aber auch das Buch Sprüche gibt unserer Fantasie Raum:

Dein Born sei gesegnet, und freue dich der Frau deiner Jugend. Sie ist lieblich wie eine Gazelle und holdselig wie ein Reh. Lass dich von ihrer Anmut allezeit sättigen und ergötze dich allewege an ihrer Liebe.
Sprüche 5,18–19 (LÜ)

Bei allen Herausforderungen, die der Alltag und speziell ein Familienleben so mit sich bringen kann, ist es wichtig, weiterhin so miteinander umzugehen – man könnte beinahe sagen „zu spielen" –, dass deine Beziehung genügend Energie und Freude empfängt. Das macht das ganze Leben schöner und schenkt Schwung für die dunklen Zeiten, die zweifelsohne auch kommen werden.

4. Halte Frieden

Ich musste es erst lernen, mit Ruth gut streiten zu können. Ruth ist von Natur aus viel nachsichtiger und versöhnlicher als ich es bin. Am Anfang unserer Beziehung konnte ich manchmal tagelang sauer sein auf Ruth. Mein Ärger äußerte sich dann vor allem in einem mürrischen Schweigen. Ich schäme mich ein wenig dafür, das hier so offen niederzuschreiben, aber so war es nun einmal. Manchmal ignorierte ich Ruth sogar ein paar Tage lang. Es war egal, was sie auch versuchte, um es wiedergutzumachen, ich versteckte mich in meiner kindischen Opferrolle. Ich wusste, ich hatte damit aufzuhören. Mir waren die Worte des Apostels Paulus bekannt:

Wenn ihr zornig seid, dann ladet nicht Schuld auf euch, indem ihr unversöhnlich bleibt. Lasst die Sonne nicht untergehen, ohne dass ihr einander vergeben habt. Gebt dem Teufel keine Gelegenheit, Unfrieden zu stiften. Epheser 4,26–27

Dieser Satz bedeutet mir noch heute sehr viel. Paulus gibt darin eigentlich drei entscheidende Tipps für den Umgang miteinander bei Streit:

- **Lerne sauer zu sein, ohne zu sündigen**
Wenn wir sauer sind, sagen wir oft Dinge, die uns später sehr leidtun. Zorn hat also etwas mit Kommunikation zu tun. Demnach darfst du ruhig sauer werden, aber bitte gesittet. Deine Bosheit zeigt, dass du irgendwo getroffen, sicher auch verletzt wurdest. Was ist es, das dich sauer macht? Probiere es mal in klare und verständliche Worte zu fassen und lass deine Bosheit somit zu einem Instrument werden, um dem anderen dadurch einen Einblick in deine Seele zu geben.

- **Gehe nicht schlafen, ohne einen Streit zu bereinigen**
Basierend auf dem oben genannten Vers haben Ruth und ich uns ein Verhalten angeeignet: Wir beten gemeinsam vor dem Schlafengehen. Wie aber sollten wir zusammen beten können, wenn wir noch Streit hätten? Es ist nicht so, dass wir einen Streit immer komplett ausdiskutieren, bevor wir zu Bett gehen. Ein Nicken, eine Berührung oder ein „Sorry, ich liebe dich" reichen uns manchmal, um in Frieden einzuschlafen und es an dem darauffolgenden Tag zu Ende zu besprechen.

- **Schlafen, während du noch böse bist, ist gefährlich für dein geistliches Wohl**
„Gebt dem Teufel keine Gelegenheit ", warnt Paulus. Nicht ohne Grund, denn während du schläfst, hast du keine Kontrolle über deine Gedanken. Hältst du aber an deiner Bosheit fest, öffnest du die Tür deines geistlichen Hauses einen Spalt weit und der Teufel kann daraufhin eindringen, um die Bosheit tiefer in deiner Seele zu verankern. Am nächsten Tag kannst du noch kühler und verbitterter sein, als du es zuvor warst, da du deiner inneren Bosheit

nachgegeben hast, indem du sie nicht vor dem Schlafengehen aufgelöst hast.

Es klingt vielleicht verrückt, aber ich musste lernen, das Andauern meiner Bosheit von ein paar Tagen bis auf einen Tag, dann auf einen halben Tag und schließlich auf ein paar Stunden zu reduzieren. Mittlerweile vertrage ich mich meistens innerhalb einer Stunde wieder mit meiner Frau. Das Leben ist zu kurz, um lange zu streiten und Ruth ist mir zu wichtig, um böse auf sie zu bleiben. Durch Schaden und Schande habe ich das gelernt. Und durch Gottes Gnade kann ich im Falle eines Streits, basierend auf dem, was ich gelernt habe, handeln und es schnell wieder bereinigen.

5. Bleibe treu

Das letzte Thema, das wir in puncto Ehe anschneiden wollen, betrifft die aufrichtige Treue: Du sollst nicht ehebrechen! Nichts ist so fatal für eine Beziehung wie der Beginn einer sexuellen Beziehung mit einer dritten Person. Gott *hasst* Ehebruch! Und das wollen wir ruhig noch einmal wiederholen: Gott *hasst* Ehebruch! Im Buch des Propheten Maleachi sagt er:

Ihr fragt nach dem Grund? Die Antwort lautet: Der Herr hat genau gesehen, wie ihr Männer eure Frauen verstoßen habt, mit denen ihr seit eurer Jugend verheiratet wart. Ihr habt ihnen die Treue gebrochen, obwohl sie immer an eurer Seite waren und zu eurem Volk gehören, mit dem der Herr einen Bund geschlossen hat. Hat der Herr euch nicht zu einem Leib und einem Geist vereint? Und warum hat er das getan? Er wollte, dass eure Nachkommen zu seinem Volk gehören. Darum nehmt euch in Acht, und haltet euch an den Treueeid, den ihr einst euren Frauen geschworen habt. Denn der Herr, der allmächtige Gott Israels, sagt: „Ich hasse Ehescheidung. Ich verabscheue es, wenn ein Mann seiner Frau so etwas antut. Darum nehmt euch in Acht, und brecht euren Frauen nicht die Treue! Maleachi 2,14–16

Gott vergleicht Untreue quasi mit einer Situation, in der man mit dem Leben spielt und er sagt deutlich, dass man sich in Acht nehmen soll. Denn nehmen wir die Konsequenzen eines Ehebruchs mal genauer unter die Lupe, wird deutlich, warum man dies als „mit dem Leben spielen" beschreiben kann:

Ehebruch ist Sünde gegen Gott

König David beging Ehebruch mit Batseba, der Frau seines Heerführers Uria. In Psalm 51 zeigt er sich einsichtig und schreibt:

Denn ich erkenne mein Unrecht, meine Schuld steht mir ständig vor Augen. Gegen dich habe ich gesündigt – gegen dich allein! Was du als böse ansiehst, das habe ich getan. Darum bist du im Recht, wenn du mich verurteilst, dein Urteil wird sich als wahr erweisen. Psalm 51,5–6

Ehebruch verrät den Ehepartner

Die Ehe ist ein Bund lebenslanger Treue. Zwei Menschen werden Seelenverwandte, so wie zwei Stücke Holz aneinander geleimt werden oder fest zusammenwachsen. Das vor Gott und im Beisein der Familie und den Freunden ausgesprochene Versprechen wird gebrochen und du verspielst deine Integrität als Mensch. Dein Wort ist nicht länger von Bedeutung und etwas, das von Gott zusammengeführt wurde, wird grausam, voller Schmerz und Trauer, auseinandergerissen.

Ehebruch stürzt die gesamte Familie ins Chaos

Die Folgen von Davids Ehebruch waren immens. Er begann zu lügen und zu betrügen und ließ Batsebas Mann sogar ermorden. Ehebruch führt dazu, dass du einen Weg einschlägst, der viele weitere Sünden auslöst. Davids Leben sollte nie mehr dasselbe sein. Manche seiner Kinder gerieten anschließend auf die schiefe Bahn und verfielen selbst allerlei sexuellen Sünden. Er verlor zudem ihren Respekt und besaß auch nicht mehr die Autorität, sie wieder auf den richtigen Weg zu bringen.

Ehebruch ist ein Weg des Todes

Es klingt drastisch, aber das Buch Sprüche nimmt diesbezüglich kein Blatt vor den Mund:

Ihr Haus steht am Rand des Abgrunds; wer zu ihr geht, den reißt sie mit in den Tod. Sprüche 7,27

Nachdem König David mit Batseba Ehebruch begangen hatte, trat in sein Leben der Tod – wörtlich wie auch im übertragenen Sinne. Zum einen starb das Kind, das bei diesem Ehebruch gezeugt worden war, kurz nach seiner Geburt. Zum anderen vergewaltigte Davids Sohn Amnon seine Halbschwester Tamar, woraufhin Tamars Bruder Absalom aus Rache Amnon ermordete. Und Absalom wiederum wird durch einen von Davids Generälen getötet.

Doch auch in David selbst ist etwas gestorben:

Erst wollte ich dir, Herr, meine Schuld verheimlichen. Doch davon wurde ich so schwach und elend, dass ich nur noch stöhnen konnte. Tag und Nacht bedrückte mich dein Zorn, meine Lebenskraft vertrocknete wie Wasser in der Sommerhitze. Psalm 32,3–4

Ehebruch kostet das Zeugnis für Jesus

Paulus sagt, dass unsere Sünde zur Folge hat, dass über den Namen Gottes unter den Heiden gelästert wird. Viele Menschen haben die Kirche verlassen oder haben ihren Glauben dadurch verloren, weil Christen, die eine Vorbildfunktion hatten, die Ehe gebrochen haben und sich scheiden ließen. In der öffentlichen Meinung wird die „Kirche" von Tag zu Tag höhnisch „beiseite gestellt", unter anderem wegen etlicher Missbrauchsskandale.

Wir hoffen, dass wir dich mit diesem Kapitel ausreichend entmutigen konnten, jemals die Ehe zu brechen. Der Grund, warum wir extra diesem Thema ein eigenes Kapitel gewidmet haben, ist der, weil wir wissen, dass Ehebruch auch unter Christen ein großes Thema ist. Wie auch immer sich die Situation in deiner Ehe gestalten mag. Sei stark! Begehe keinen Ehebruch, weder physisch noch in Gedanken oder durch den Konsum von Pornos. Mach einen kurzen Prozess mit sexueller Unreinheit in deinem Leben, bete für ein reines Gewissen und richte deine sexuelle Energie neu auf deinen Ehepartner aus. Gott sehnt sich danach, eingeschlafenen Beziehungen wieder neues Leben zu schenken. Selbst für Ehen, die falsch gestartet oder vom gemeinsamen Weg abgekommen sind, hält er genug Kraft bereit.

Wähle Gott.
Werde du selbst.
Tanke Energie.
Halte Frieden.
Bleibe treu.

Mit welchem dieser fünf Prinzipien wirst du in der kommenden Zeit durchstarten, um in deiner Ehe neue Kraft und Liebe zu erleben? Entscheide dich, jetzt!

G

GEMEINDE

Das dritte „G" steht für Gemeinde. In dem Moment, als du zum Glauben an Gott gefunden hast, wurden dir zwei Dinge geschenkt: Du darfst ab sofort in einer Beziehung mit Gott leben und ebenso mit den anderen Kindern Gottes. Denn Jesus nachzufolgen, bedeutet auch, Teil einer inspirierenden, festen Glaubensgemeinschaft zu sein, die sich einander – genauso wie dem Nächsten in ihrem Umfeld – in Liebe dient. In dieser Gemeinschaft gestaltest du mit den anderen Gläubigen gemeinsam das Mandat, das Gott der Gemeinde gegeben hat: Die Liebe untereinander und in der Welt zu bezeugen und somit auf Gott selbst, der die größte Liebe ist, hinzuweisen.

Teil einer lebendigen Gemeinde zu sein, kann in deinem Leben einen starken Impuls an „G-Kraft" auslösen, denn durch die geistliche Geborgenheit einer Gemeinde wirst du im Leben wie im Glauben besser, weiser und gestärkter vorankommen, als du es alleine jemals zu träumen wagen würdest.

DIE GEMEINDE
IM HERZEN JESU

KAPITEL 7

Wenn du ein dynamisches, tief verwurzeltes Glaubensleben entwickeln und zu deiner eigenen menschlichen Bestimmung vordringen möchtest, kannst du das nicht ohne eine Gemeinde, die lebendig und christuszentriert unterwegs ist. Teil einer Gemeinde zu sein, ist entscheidend dafür, um im Glauben zu wachsen. Daher sehen wir die Gemeinde als die dritte „G-Kraft" an, die dein Dasein auf das Niveau eines erfüllten und starken Lebens zu führen vermag.

Henk und ich (Theo) erleben oft, wie das um uns herum passiert. Wir kennen viele Menschen, deren geistliches Leben und Charakter richtig zu blühen begannen, als sie Teil einer lebendigen Gemeinde wurden. Auch erleben wir viele Menschen, die genau dort ihren Sinn, ihr Glück und ihre Bestimmung in der Begegnung mit Gott und auf der gemeinsamen Glaubensreise mit den anderen Glaubensgeschwistern finden. Manch einer von ihnen würde noch immer in Isolation, Einsamkeit oder inmitten von Minderwertigkeitsgefühlen leben, hätte er nicht eine Gemeinde gefunden. Innerhalb dieser liebevollen und tragenden Gemeinschaft konnten sie zur Ruhe kommen, wieder heil werden und neu aufblühen.

Sehnst du dich danach, charakterlich zu reifen, deine Gaben zur Entfaltung zu bringen und in der Bestimmung, die Gott für dein Leben vorgesehen hat, durchs Leben zu gehen? Dann benötigst du hierfür die „G-Kraft", die in Gottes Gemeinde entfacht wird und dort zu finden ist.

Erdrückend oder stärkend?

Vielleicht bist du schon seit vielen Jahren mit Jesus unterwegs und Teil einer Gemeinde. Dass wir nun ausgerechnet von der Gemeinde als dritte „G-Kraft", die eine grundlegende Zutat für ein kraftvolles Leben ist, sprechen, klingt für dich eher seltsam. Denn du weißt, dass die Glaubensreise mit einer Gemeinde auch anstrengend sein kann. Vielleicht steht unsere Aussage sogar im Gegensatz zu deinen Erfahrungen, weil Gemeinde bislang eher einen erdrückenden und kräftezehrenden als einen stärkenden Einfluss auf dein Leben hatte. Es kann sogar sein, dass du nach vielen unruhigen Gedanken, mit quälenden Schmerzen in deinem Herzen, zahllosen schlaflosen Nächten, Loyalitätskonflikten und Spannungen innerhalb den dir wertvollen Beziehungen, dich entschieden hast, bezüglich deiner Gemeindezugehörigkeit auf Abstand zu gehen.

Vor ein paar Jahren schrieb der US-amerikanische Journalist und Autor Philip Yancey ein Buch mit dem vielsagenden Titel „Warum ich heute noch glaube: Menschen, die mir halfen, die Gemeinde zu überleben". Vielleicht könnte diese Überschrift, aus Gründen die nur du kennst, sogar über deiner persönlichen Geschichte mit deiner Gemeinde stehen.

Fremdeln mit der Gemeinde

Seien wir mal ehrlich, auch Henk und ich (Theo) fühlen uns manchmal etwas verlegen in der Gemeinde. Zweifelsohne finden wir es wirklich großartig, der Gemeinde Jesu dienen zu können. Es ist für uns eine Ehre und ein großes Privileg, in unseren Ortsgemeinden wie auch anderswo predigen zu dürfen, Gottes Kurs zu suchen und Menschen geistliche Leitung zu geben. Gleichzeitig haben aber auch wir hin und wieder mit Widerspenstigkeiten innerhalb des Gemeindelebens zu kämpfen. Daher möchte ich als Pastor einer Gemeinde euch am Anfang der folgenden drei Kapitel über die dritte „G-Kraft" etwas mehr über meine eigene persönliche Gemeindereise erzählen:

__„Du trittst bestimmt in die Fußstapfen deines Vaters, richtig?"__
Meine Geschichte mit Gemeinde beginnt vor langer Zeit. Als Kind einer Pastorenfamilie bin ich in einem nahezu gläsernen Haus aufgewachsen – jedenfalls kam es mir so vor. Vor allem als ich ein Teenager war, bekam die Tatsache, dass mein Vater Pastor ist, eine ganz eigene Dynamik und zwar nicht unbedingt im positiven Sinne. Ich merkte, wie auf mich geachtet wurde, und verspürte einen gewissen Druck, ein bestmögliches, christlich-soziales Verhalten an den Tag legen zu müssen, um meinen Vater bloß nicht in ein schlechtes Licht zu rücken. Schwierig daran war, dass ich überzeugt war, die Gemeinde beanspruchte viel zu viel Energie und Zeit *meines Vaters*.

Obwohl meine Eltern versuchten, klug mit dem herangetragenen Anspruch an unsere Familie umzugehen, konnten sie es dennoch nicht verhindern, dass ich regelmäßig die eine oder andere „Heimlichtuerei" entlarvte. Und dann waren da noch all die Sätze, die andere Menschen an mich herantrugen wie beispielsweise diesen:

„Du wirst bestimmt auch Theologie studieren und später einmal in die Fußstapfen deines Vaters treten, richtig?" Du kannst dir sicher denken, wie ein pubertierender Teenager darauf reagiert. Meine Antwort war immer ein sehr deutliches „Nein!". In einer Gemeinde zu arbeiten und später noch einmal das Ganze erleben, das wir jetzt als Familie durchmachten? Das hätte ich mir früher niemals vorstellen können.

Jedoch kam es anders. Nach meinem Studium leitete ich jahrelang den niederländischen Zweig der christlichen Sportorganisation „Athletes in Action" (AIA), die sich unter anderem dafür einsetzt, dass junge Sportler vom Evangelium hören. Aufgrund meiner Position kam ich regelmäßig mit Dutzenden Pastoren aus dem In- und Ausland ins Gespräch. Hierdurch wuchs meine Leidenschaft für die Gemeinde. Mit einem Mal sah ich schier endlose Möglichkeiten, wie eine Gemeinde als Glaubensgemeinschaft vor Ort ein aktives Zusammenleben führen kann, um einander und anderen, Gottes Liebe weiterzugeben. Mein Verlangen wurde im Laufe der Zeit immer stärker, nicht länger „außerhalb" der Gemeinde sondern „innerhalb" dieser aktiv zu werden. In einer Gemeinde zu arbeiten? – Vielleicht wäre das ja doch etwas.

„Du bist an einem wunderbaren Punkt angekommen"
So kam es schließlich dazu, dass ich am 1. Januar 2011 als Pastor in einer Ortsgemeinde meinen Dienst aufnahm. Ich verspürte eine richtige Leidenschaft für meine Aufgaben, hatte eine Vision und viele Ideale. Darüber hinaus fand ich es wunderbar, in einem Team mit mehreren Pastoren arbeiten zu dürfen, gemeinsam Pläne zu schmieden und verschiedenste Dinge in Bewegung zu setzen. Auch wenn ich mich erst an das Tempo gewöhnen musste, denn die Dynamik einer Gemeinde schien doch eine völlig andere zu sein als die einer Sportorganisation. Doch insgesamt gesehen

fühlte ich mich sehr wohl in meiner neuen Aufgabe. Doch nur ein Jahr später lag ich am Boden …

Von meiner Leidenschaft, meiner Vision und den Idealen war nichts mehr übrig geblieben. Denn mit dem Leitungsteam durchlebten wir einen Prozess der Erneuerung und Veränderung, der völlig anders gelaufen war, als ich es erwartet hatte. Er endete für mich enttäuschend.

In dieser Zeit rief ich meinen Vater an und sagte ihm: „Ich bin fertig mit der Kirche. Ich weiß absolut nicht, wie ich hier reingekommen bin, aber eins weiß ich ganz genau: Ich will aus der Kirche raus!". Mein Vater reagierte für mich total merkwürdig. Er sagte: „So, Theo, du bist an einem wunderbaren Punkt angekommen, das ist großartig." Hä? Bevor ich darauf reagieren konnte, fuhr er fort: „Du bist deswegen an einem tollen Punkt angekommen, weil dir weder ein Buch noch ein Mensch deine Vision zurückgeben kann. Die einzige Möglichkeit, wie du deine Leidenschaft für Kirche jemals wieder zurückbekommen kannst, ist die, dass Gott selbst sie dir wieder schenkt. Legt dir aber Gott in den nächsten drei Wochen den Gemeindedienst nicht neu aufs Herz, ist es eindeutig, wohin deine Reise geht und du kannst etwas anderes machen. Also, Theo, lies erst einmal keine Bücher, versuche nicht alles mit Menschen zu besprechen und höre dir keine anderen Predigten an. Tauche stattdessen ein in Gottes Wort und lasse Gott selbst zu dir sprechen."

Gott liebt seine Gemeinde

Ich beschloss, den weisen Rat meines Vaters zu befolgen. Drei Wochen lang vertiefte ich mich in die Geschichte und das Leben des Propheten Elija. In dieser Zeit stellte Gott die Ordnung in meinem Herzen wieder her, sodass ich mich nicht vom Dienst in der Gemeinde verabschiedete. Doch das war längst nicht alles, denn nach und nach schenkte Gott mir auch neue Kraft und neuen Mut, wieder aufzustehen, meine Krone zu richten und das Abenteuer, sein Reich in der Ortsgemeinde zu bauen, letztlich noch einmal neu zu beginnen.

Die Tatsache, dass ich heute Pastor bin, heißt also keinesfalls, dass mein Weg in der Gemeinde total geschmeidig und glatt verlaufen ist. Im Gegenteil. Aber eine Sache habe ich aus dieser Erfahrung gelernt: Anscheinend liebt Gott die Gemeinde so sehr, dass er sein Bestes dafür gibt, um vom Weg abgekommene Menschen zu erneuern und zu heilen, damit er sie wieder auf den Weg hin in die Gemeinschaft einer Gemeinde leiten kann.

Bereit, um zu sterben

Und tatsächlich ist die Gemeinde nicht nur eine irdische menschliche Idee. Als Jesus versprach: „Ich werde meine Gemeinde bauen", sah er eine Gemeinde vor sich, so atemberaubend stark, so schön, dass es uns das Blut in den Adern gefrieren lässt, und so unfassbar kostbar, dass er bereit war, für diese zu sterben.

Was hatte Jesus da vor Augen?

In diesem Kapitel werden wir auf diese Frage näher eingehen. Und wir hoffen sehr, dass dieses Kapitel deiner Leidenschaft für Gemeinde einen neuen frischen Impuls schenkt, ebenso deiner Vision für Gemeinde. Egal, wie deine Gemeindereise bislang verlaufen ist.

Letzte Worte sind wichtig

In Johannes 13–17 lesen wir unter anderem, wie Jesus gemeinsam mit seinen Jüngern aß. Es war keine gewöhnliche Mahlzeit, die sie zu sich nahmen. Die Evangelien berichten immer wieder davon, wie Jesus des Öfteren in Gesellschaft aß und trank: mit Huren und Zöllnern, Pharisäern und Schriftgelehrten und zweimal sogar mit einer Menge von Tausenden Männern, Frauen und Kindern. Aber diese Mahlzeit ist dennoch die außergewöhnlichste von allen. Warum? Es handelt sich hierbei um ein „Abschiedsmahl". „Ich werde nur noch eine kurze Zeit unter euch sein", sagte Jesus zu seinen Freunden.

Es ist der letzte Abend vor der Kreuzigung. Jesus hat nur noch ein paar Stunden zu leben und diese Tatsache verleiht allem, was er jetzt sagt, noch einmal eine besondere Bedeutung und Wichtigkeit. Denn letzte Worte bedeutender Personen sind wichtig. Und bei Jesus kannst du sie ruhig als eine Art geistliches Testament ansehen, als eine Zusammenfassung von allem, was Jesus während seiner Zeit auf Erden gelehrt und vorgelebt hat. Und was meinst du, worüber redet Jesus mit seinen Jüngern wohl in diesen letzten, kostbaren Minuten so kurz vor seinem Tod?

Über die Gemeinde.

Bemerkenswert, oder nicht? Von all den Dingen, über die Jesus mit seinen Freunden hätte sprechen können, wählte er ein paar fundamentale Wahrheiten über die Gemeinde aus, um ihnen diese für alle Zeit mitzugeben. Und es lassen sich drei Schlüsselworte erkennen, die der Gemeinde die Essenz geben, die Jesus für sie im Blick hatte.

1. Jesus führt das wichtige Wort „einander" ein

Das erste Schlüsselwort ist „einander". Jesus benutzt dieses Wort bei seiner Verabschiedung auffällig oft. Hier zwei Beispiele:

Wenn nun ich, euer Herr und Meister, euch die Füße gewaschen habe, so sollt auch ihr euch untereinander die Füße waschen.
Johannes 13,14 (LÜ)

Heute gebe ich euch ein neues Gebot: Liebt einander! So wie ich euch geliebt habe, so sollt ihr euch auch untereinander lieben.
Johannes 13,34

Anschließend kommt das Wort „einander" bzw. „gegenseitig" noch öfter im Johannesevangelium vor, dann allerdings mit einer eher allgemeingehaltenen Bedeutung wie: „(...) und die Pharisäer erzählten sich gegenseitig ...", oder „(...)die Jünger schauten sich gegenseitig an". Aber so wie Jesus es in den oben genannten Beispielen benutzt, ist es in diesem Sinne keinesfalls allgemeingültig. Denn als Jesus den Jüngern die Füße gewaschen hatte, sagte er nicht: „Nun müsst ihr mir auch meine Füße waschen." Und als Jesus deutlich sagte, wie sehr er sie liebt, sagte er auch nicht: „Genauso müsst ihr auch mich lieben." Er beschloss nicht per Gesetz und von oben herab: „Liebt mich!"– Nein, er sagte nur: „Wascht einander die Füße und liebt einander."
Jesus möchte damit auf etwas aufmerksam machen, und zwar auf die horizontale Dimension um dich herum. Er will damit sagen: Schau dich einfach mal um – ganze 360 Grad –, denn ich schenke euch „einander".

In diesem Verständnis, den anderen, den Nächsten, zu sehen, liegt ein entscheidender Schlüssel zur Sichtweise, wie wir Gemeinde verstehen. Denn die Gemeinde ist kein Gebäude, auch wenn man vier oder mehr Wände benötigt, um sich zu versammeln. Die

Gemeinde ist auch kein Event, das am Sonntag stattfindet. Bei der Gemeinde handelt es sich auch nicht um ein Programmangebot, das einfach so konsumiert werden kann, auch wenn Lehreinheiten zum Glauben und zur Persönlichkeitsentwicklung und Seelsorge sehr hilfreich sind. Nein, die Gemeinde ist in erster Linie eine Gemeinschaft von Menschen, die Jesus nachfolgen. Und diese Gemeinschaft wird durch Jesus *einander* geschenkt. Sie ist stark und inspirierend und durch Gott mit jeder einzelnen Person, die ihr beitritt, verbunden.

Glaube kann für sich alleine nicht bestehen

Jesus lebte das selbst vor. Viele folgten ihm, aber er wählte bewusst zwölf Jünger aus, mit denen er sich auf den Weg machte. Und jedes Mal, wenn er die Zwölf in die Weite des Landes entsandte, achtete er darauf, dass sie nie alleine unterwegs waren, sondern immer zu zweit. Selbst kleine Aufgaben führten sie immer gemeinsam aus.

Würdet du einmal das Neue Testament mit dem Wort „einander" bzw. „gegenseitig" im Hinterkopf durchblättern, dann würdest du wahrscheinlich ziemlich oft über dieses Wort stolpern, denn es wird sehr häufig benutzt. Man kann quasi sagen: „Einander" beschreibt das Leben und den Charakter von Gemeinde. Oder mit anderen Worten: Mit dem Glauben ganz alleine unterwegs zu sein ohne andere Gläubige, ist absolut undenkbar. Henk und ich hören allerdings Menschen regelmäßig sagen: „Wir brauchen keine Gemeinde, denn glauben können wir auch alleine." Doch dieser Gedanke ist wirklich Lichtjahre von dem entfernt, was Jesus unter „einander" verstanden hatte. Dass diese Gemeinschaft manchmal nicht so funktioniert, wie Jesus sich das eigentlich gedacht hatte, ist etwas völlig anderes, aber wir dürfen nicht einfach das Kind mit dem Bade ausschütten. Jesus sieht, wenn er an die Gemeinde denkt, eine feste, sich tragende, inspirierende und liebende Gemeinschaft vor sich.

2. Der Kern von „einander" ist Liebe

Das führt uns direkt zum zweiten Schlüsselwort. Wie haben Gläubige nach der Auffassung Jesu mit-„einander" umzugehen? In Liebe:

Und so lautet mein Gebot: Liebt einander, wie ich euch geliebt habe.
Johannes 15,12

Ich sage euch noch einmal: Liebt einander! Johannes 15,17

Fällt dir auf, dass Liebe keine Option sondern ein wesentliches Merkmal von „einander" ist? „Und so lautet mein Gebot (...)",
sagte Jesus. Nun könnte man das durchaus als Krampf empfinden, und zwar in dem Sinne: Wo sollen wir die Liebe, die unter-„einander" herrschen soll, hernehmen? So einfach ist Liebe ja nicht. Aber zum Glück wohnen dem kleinen Wörtchen „wie" ja mehrere Bedeutungen inne, die man an dieser Stelle durchaus mit „wie" und „da" verstehen darf. Daher ist Jesu Gebot folgendermaßen zu verstehen: Liebt einander und nehmt euch die Liebe, die Jesus uns schenkt, zum Vorbild. Und genauso gilt: Liebt einander und vertraut darauf, dass Jesus genug Liebe besitzt, aus der wir für andere schöpfen können. Er gibt uns so viel, wie wir brauchen.

Johannes knüpft an diesen Gedanken an, als er später in einem seiner Briefe an eine Gemeinde schreibt:

Meine Freunde! Lasst uns einander lieben, denn die Liebe kommt von Gott. Wer liebt, ist ein Kind Gottes und kennt Gott. Wer aber nicht liebt, der weiß nichts von Gott; denn Gott ist Liebe.
1. Johannes 4,7–8

Johannes hat die Verben und ihre Bezüge wohl nicht ohne Grund derart ausgesucht. Aus ihnen kann geschlossen werden, dass derjenige Gott noch nie richtig kennengelernt hat, der nicht weiß, einander zu lieben.

Wir kommen also nicht drum herum: Einander zu lieben, gehört zum Wesen von Gemeinde. Und herrscht in der Gemeinde keine Liebe, dann herrscht dort wohl auch kein profundes Wissen über Gott, was auf lange Sicht nichts anderes als den Untergang der Gemeinde bedeutet.

Lieben ist nichts Schwammiges

Der Begriff „Liebe" ist in der Bibel weder abstrakt noch schwammig, sondern kommt immer anhand konkreter Taten zum Vorschein. Insofern ist es wenig verwunderlich, dass der Kern von Gemeinde – liebt einander – auf unzählige Arten und Weisen im Neuen Testament in die Praxis umgesetzt wird.

- *Vergebt einander.* Epheser 4,32
- *Haltet Frieden untereinander.* Markus 9,50
- *Ermahnt und ermutigt einander immer wieder.* Hebräer 3,13
- *Unterweist und ermahnt euch gegenseitig.* Kolosser 3,16
- *Bekennt einander eure Sünden und betet für einander.* Jakobus 5,16
- *Seid gastfreundlich.* 1. Petrus 4,9
- *Ertragt einer den andern in Liebe.* Epheser 4,2 (LÜ)
- *Seid aber untereinander freundlich und herzlich und vergebt einer dem andern.* Epheser 4,32 (LÜ)

Willst du herausfinden, ob Liebe auch in der Gemeinde herrscht, zu der du gehörst? Dann schaue dir an, inwiefern diese konkreten Taten der Liebe innerhalb deiner Gemeinde zum Tragen kommen.

3. Jesus stärkstes Verlangen ist das Bezeugen

Das dritte Schlüsselwort, das Jesus in Bezug auf die Gemeinde im Sinn hat, ist „bezeugen". Sein tiefstes Verlangen ist es, dass die Welt seine Liebe, die zwischen dem Vater, dem Sohn und dem Heiligen Geist besteht, kennenlernt anhand der Art und Weise, wie seine Jünger miteinander umgehen und in ihrem Verhalten seine Liebe widerspiegeln. Jesus sagt:

Daran wird jedermann erkennen, dass ihr meine Jünger seid, wenn ihr Liebe untereinander habt. Johannes 13,35

Die Gemeinde ist nicht zu ihrem Selbstzweck da, sondern um Zeugnis abzulegen für Gott inmitten einer Welt, die Gott nicht kennt. Auffällig an den Gebeten, mit denen Jesus die Gespräche mit seinen Jüngern abschließt, ist, dass sein tiefstes Verlangen (dass die Gemeinde ein starkes Zeugnis ist) gleichzeitig seine größte Sorge ist. In dem besonders bewegenden und sehnsüchtigen Gebet Jesu, dem hohepriesterlichen Gebet (Johannes 17), bittet er lediglich einmal um den Schutz vor dem Teufel, aber fünfmal um die Einheit unter den Gläubigen. Warum? Damit ihr Zeugnis nicht kraftlos sei:

Sie alle sollen eins sein, genauso wie du, Vater, mit mir eins bist. So wie du in mir bist und ich in dir bin, sollen auch sie in uns fest miteinander verbunden sein. Dann wird die Welt glauben, dass du mich gesandt hast. Johannes 17,21

Nachdem er dieses Gebet beendet hatte, stand Jesus auf, um am Kreuz von Golgatha sein Leben hinzugeben für die Menschen. Dort starb er, um das bedeutungsvolle „einander", das damals im Garten Eden zu Bruch gegangen war, wiederherzustellen, indem er die Welt mit Gott versöhnte. Und um dort, im Mittelpunkt des Kreuzes – seinem Herzen –, wo sich der vertikale mit dem horizontalen Balken kreuzt, die Gemeinde entstehen zu lassen: versöhnt mit Gott in der Vertikalen und miteinander durch seine Arme in der Horizontalen. Und so drückt Jesu Sterben am Kreuz eben das aus, was er bezwecken will für die Gemeinde: dass sie eine feste Gemeinschaft ist, in Liebe miteinander verbunden und ein großes und bedeutsames Zeugnis für die Welt.

Wir möchten dieses Kapitel abschließen mit einer der wohl bekanntesten Stellen der Bibel, die auch ein Stück weit zur Weltliteratur gehört. Hauptsächlich aber beschreibt diese Passage den Kern einer Gemeinde, die sich ausrichtet nach dem Herzen Gottes:

Ohne Liebe ist alles sinnlos

Hast du keine Liebe für andere, sind deine Worte sinnlos.
Hast du keine Liebe für andere, bedeutest du nichts.
Hast du keine Liebe für andere, dann ist alles, was du tust, sinnlos.

Die Liebe ist langmütig und freundlich,
die Liebe eifert nicht,
die Liebe treibt nicht Mutwillen,
sie bläht sich nicht auf,
sie verhält sich nicht ungehörig,
sie sucht nicht das Ihre,
sie lässt sich nicht erbittern,
sie rechnet das Böse nicht zu,

sie freut sich nicht über die Ungerechtigkeit,
sie freut sich aber an der Wahrheit;
sie erträgt alles,
sie glaubt alles,
sie hofft alles,
sie duldet alles.
Die Liebe hört niemals auf, (…).
Nun aber bleiben Glaube, Hoffnung, Liebe, diese drei;
aber die Liebe ist die größte unter ihnen.
1. Korinther 13,4–8+13 (LÜ)

DURCH TATEN
DIE WELT
VERÄNDERN

KAPITEL 8

Die Apostelgeschichte berichtet uns von den Anfängen der Gemeinde und ihrer rasanten Ausbreitung in den ersten Jahren, die bis in das Herz der damaligen Welt reichten: Rom. Welche Zutaten sorgten für so viel „G-Kraft"?

Wir sind jedenfalls davon überzeugt, dass die Gemeinde von heute ebenso mit genauso einer Kraft und Dynamik beseelt sein kann. Wir beten dafür und tragen unseren eigenen kleinen Beitrag dazu bei, damit genau diese Kraft und Dynamik einmal Wirklichkeit werden. Denn wir wünschen uns, dass die Gemeinde Jesu zu ihrer maximalen Blüte kommt.

Wir möchten daher dieses Kapitel und den Blick in die Apostelgeschichte mit der Frage beginnen: „Was genau sind Taten, die die Welt verändern?" Und du darfst uns ruhig glauben, von diesen Taten gibt es sehr viele. Hinter den Glaubensabenteuern der ersten Gemeinde versteckt sich viel Reichtum an Erfahrung für uns heute. Ausgehend von der Vielfalt an Weisheit innerhalb der Kirchengeschichte werden wir uns in diesem Kapitel mit vier Aspekten etwas näher beschäftigen. Vier Maximen, von denen wir glauben, dass diese im Gemeindeleben von heute eine enorme „G-Kraft" auslösen.

Maxime 1: Sei empfänglich für Gottes Geist

Wir glauben, dass eine Gemeinde ganz grundsätzlich Männer und Frauen mit einem besonderen Gespür für den Heiligen Geist benötigt. Denn wer sorgte dafür, dass damals zwölf ängstliche Schüler in tapfere Zeugen Jesu erstarkten? Wer gab ihnen die Kraft, um in die Welt hinauszuziehen, bei Gefahr standzuhalten und Leiden hinzunehmen? Wer schuf eine inspirierende und feste Gemeinschaft voller Liebe und gegenseitiger Bereicherung, aus der schließlich von Kraft erfüllte Zeugen hervorgingen, und erhörte damit das hohepriesterliche Gebet Jesu?

Lukas, der Schreiber der Apostelgeschichte, lässt keinen Zweifel daran: Das alles geschah durch den Heiligen Geist, den Jesus zu den Jüngern sandte. Er ist verantwortlich für die spektakuläre Geburt der Gemeinde an Pfingsten, ihre feste Einheit und rasante Ausbreitung.

Der Heilige Geist – Magnet, Schmied und Katapult

Denn als der Heilige Geist am Tage des Pfingstfestes durch den Vater und den Sohn über Jerusalem ausgegossen wurde, zog er wie ein starker Magnet Menschen aus allen Ecken und Löchern der damaligen Welt hin zum auferstandenen und lebendigen Jesus Christus:

Viele Zuhörer glaubten, was Petrus ihnen sagte, und ließen sich taufen. Etwa dreitausend Menschen wurden an diesem Tag in die Gemeinde aufgenommen. Apostelgeschichte 2,41

Aber viele von den Zuhörern begannen durch die Predigt der Apostel an Jesus zu glauben, so dass nun etwa fünftausend Männer zur Gemeinde gehörten. Apostelgeschichte 4,4

Wie ein göttlicher Schmied, schmiedete er all die verschiedenen Sprachen und Gruppen zu einer Einheit zusammen, sodass sie miteinander verbunden waren mit dem Vater und dem Sohn und als Gemeinschaft:

Alle in der Gemeinde waren ein Herz und eine Seele. Niemand betrachtete sein Eigentum als privaten Besitz, sondern alles gehörte ihnen gemeinsam. Apostelgeschichte 4,32

Und wie eine Art himmlisches Katapult feuerte er die Nachfolger Jesu überall in die Welt hinaus, dass sie den Auftrag Jesu erfüllen:

Aber ihr werdet den Heiligen Geist empfangen und durch seine Kraft meine Zeugen sein in Jerusalem und Judäa, in Samarien und auf der ganzen Erde. Apostelgeschichte 1,8

Doch er schickte sie nicht nur in die Welt hinein, sondern stand ihnen auch tatkräftig zur Seite:

Die Gemeinden in Judäa, Galiläa und Samarien hatten nun Frieden. Sie wuchsen und lebten in Ehrfurcht vor Gott. Durch das Wirken des Heiligen Geistes schlossen sich immer mehr Menschen diesen Gemeinden an. Apostelgeschichte 9,31

Nicht wir haben den Geist, sondern der Geist hat uns

Erkennst du, was der Heilige Geist macht? Alles, was nötig ist, um eine lebendige Gemeinde von Grund auf zu bauen und in die Entfaltung zu führen. Gottes Geist sorgt für Wachstum, Einheit, Frieden, geistliches Erblühen, für Ehrfurcht vor dem Herrn und dafür, dass Menschen in ihrem Leben Gott bezeugen. Ohne den Heiligen Geist geriete jegliches Wachstum ins Stocken. Unser gemeinschaftliches Beisammensein wäre dann nur noch ein Herumdümpeln und womöglich wären wir nur noch auf uns selbst fixiert. Unser Zeugnis würde dann verstummen, da es an unserem Glauben an die befreiende Kraft der Botschaft Jesu mangelt und wir würden nur noch „Kirche spielen".

Ich (Theo) weiß nur allzu gut, wie schnell und einfach man als Gemeinde auf sich selbst ausgerichtet sein kann. Manchmal lasse ich mich so vereinnahmen von Besprechungen, Terminen, Abgaben, E-Mails und Stellen, an denen es „brennt", dass ich kaum noch nach „draußen" (zu den Menschen) komme. Ich jedenfalls kann aus meiner Erfahrung sagen, dass es wirklich nicht viel braucht, um aus den Augen zu verlieren, dass man ein Zeuge für Jesus ist.

Wir brauchen also nicht noch mehr Aktivitäten, Programme oder schlaue Strategien, um unsere Gemeinde zu bauen, sondern zuallererst die Kraft des Geistes! Damit beginnt alles. Wenn du also ein Mann oder eine Frau sein willst, der bzw. die wirklich einen Unterschied in der Gemeinde Jesu macht, dann sei aufnahmefähig für den Heiligen Geist Gottes. Denn genau das war auch das Geheimnis der ersten Gemeinde. Die Jünger damals drückten es so aus: „Nicht wir haben den Geist, sondern der Geist hat uns!"

Lasst das doch auch zu deinem Gebet werden: *Heiliger Geist, komm in mein Leben und erwache in mir! Nicht ich habe dich, sondern du hast mich!*

Maxime 2: Verlange nach Gottes Heiligkeit

Die Geschichte von Ananias und Saphira zählt für mich (Theo) zu meinen weniger favorisierten Geschichten. Anfangs kam ich mit ihr überhaupt nicht zurecht. Dennoch haben wir beide uns entschieden, auf diese Geschichte einzugehen, da wir davon überzeugt sind, dass sich in der Tragik eine Lehre versteckt, die die Gemeinde von heute hören soll.

In der Geschichte geht es darum, dass ein Ehepaar ein Stück Land verkauft und so tut, als ob sie den gesamten Erlös der Gemeinde gegeben hätten. In Wirklichkeit aber haben sie ihr nur einen Teil ausgehändigt. Petrus durchschaut die beiden und reagiert auf die Täuschung sehr entschieden und klar:

„Hananias", fragte er, „warum hast du es zugelassen, dass der Satan von dir Besitz ergreift? Warum hast du den Heiligen Geist betrogen und einen Teil des Geldes unterschlagen?" Apostelgeschichte 5,3

Heftig, oder? Ananias und Saphira haben sich irreleiten lassen vom Versucher und den Heiligen Geist betrogen. Aber nicht weil sie nur einen Teil abgegeben hatten, denn daran ist ja an sich nichts Falsches. Sondern vielmehr, weil sie vorgaben, besonders geistlich zu sein, es aber keinesfalls waren. Sie hatten ihr Fehlverhalten kurz darauf mit ihrem Leben, das ihren Körpern urplötzlich entwich, zu bezahlen. Der Schock über dieses Vorkommnis in der Gemeinde war sehr groß:

Die ganze Gemeinde aber und alle, die davon hörten, erschraken zutiefst. Apostelgeschichte 5,11

Ein Zwischenfall und zugleich ein Fehlverhalten; eine Sünde, die zum Glück in ihrer Art nicht öfter tödlich ausging. Aber was war hier eigentlich los? Woher kamen die scharfzüngigen Worte von Petrus. Und warum reagierte Gott so heftig?

Sein oder Schein

Es hat damit zu tun, dass die kostbare Einheit der Gemeinde den ersten Kratzer bekam. Und die Sünde von Ananias und Saphira war genau dafür verantwortlich. Sie beschädigte das, was Lukas kurz zuvor als ein wesentliches Merkmal der Gemeinde beschreibt:

Alle in der Gemeinde waren ein Herz und eine Seele. Niemand betrachtete sein Eigentum als privaten Besitz, sondern alles gehörte ihnen gemeinsam. Apostelgeschichte 4,32

Ananias und Saphira zerbrachen die Einheit der Gemeinde, die in Gottes Augen so kostbar ist. Und genau das löste eine heftige Antwort aus dem Himmel aus. Denn, hast du darauf geachtet, wo diese Tat der beiden ihren eigentlichen Ursprung hatte? Genau! Im Reich der Finsternis.

Die Geschichte von Ananias und Saphira soll uns daher heute eine eindrückliche Warnung sein. Und sie stellt uns die Frage: Wann verletzten wir die Einheit in unserer Gemeinde? Die Antwort lässt sich zweifelsohne ableiten: Sobald wir unser eigenes Erscheinungsbild, unser Auftreten, wichtiger finden, als das, was innerhalb der Gemeinde eigentlich passiert. Sobald wir es wichtiger finden, vor anderen geistlich zu wirken, als wirklich geistlich zu sein. Das kann Gott nicht ausstehen! Er verlangt Heiligkeit und das bedeutet Einheit. Er sucht daher Männer und Frauen, die gemeinsam eins sind, die einen Sinn miteinander haben. Männer und Frauen, die nicht so tun, als ob sie sich verändert hätten, sondern die dies auch tatsächlich getan haben.

Beute für Satan

Was brauchen wir dafür, um die Einheit zu wahren und sie zu stärken? Noch einmal, wir brauchen Gottes Heiligen Geist. Er ist es, der einen heiligen Charakter in dir hervorbringen will. Und das Zweite ist: Hüte dich vor demjenigen, der jegliche Einheit und Ordnung durcheinanderbringen will – Satan.

Vielleicht klingt das jetzt etwas hart, aber ist es, wenn wir ehrlich sind, nicht wirklich so? Die Gemeinde steht auf dem Beuteplan Satans ganz oben. Und auch du bist für den Teufel, um dieses größere Ziel zu erreichen, Beute. Er wird immer wieder versuchen, dich in die Irre zu führen, um letzten Endes die Einheit der Gemeinde zu gefährden. Jesus sagt diesbezüglich:

Der Dieb kommt, um zu stehlen, zu schlachten und zu vernichten. Ich aber bringe Leben – und dies im Überfluss. Johannes 10,10

Es liegt in unserer menschlichen Natur begründet, dass wir Bibelstellen gerne und für gewöhnlich zunächst auf unser eigenes Leben beziehen und anwenden. Und das ist ja auch richtig so. Aber wir sind davon überzeugt, dass die Gemeinde zu Satans Lieblingsbeute zählt. Daher darfst du die Stelle auch ruhig einmal so lesen:

Der Dieb kommt, um die Gemeinde zu stehlen, zu schlachten und zu vernichten.

Seine Beute? – Die Einheit!
Sein Ziel?   – Die Vernichtung!
Seine Strategie? – Auseinanderreißen!

All das gehört zu seinem Auftreten, um das zu trennen, was Gottes Geist zusammenführt. Nicht umsonst bedeutet das Wort „Teufel" (griechisch: diábolos) auch so etwas wie der „Auseinander-Treiber".

Weise auf deinen Schutz hin

Da die Einheit der Gemeinde für Gott kostbar und zugleich auch etwas sehr Verwundbares ist, wollen wir es noch einmal betonen: Die Gemeinde ist Beute für Satan. Und du bist es daher auch. Darum, erinnere dich deines Schutzes und weise auf ihn hin! Petrus fordert die Gemeinde insofern auf:

Bleibt besonnen und wachsam (…). 1.Petrus 5,8

Und Paulus schreibt an die Gemeinde von Ephesus:

Greift zu den Waffen Gottes, damit ihr alle heimtückischen Anschläge des Teufels abwehren könnt! Epheser 6,11

Letztlich richtet sich unser Kampf nicht gegen Menschen, sondern gegen Mächte, die Herrscher und die Machthaber der Finsternis, gegen die schlimmen Geister in den unsichtbaren Sphären. Deshalb lehrt uns Jesus auch im Vaterunser zu beten:

Und führe uns nicht in Versuchung, sondern erlöse uns von dem Bösen. Matthäus 6,13

Was bedeutet das nun genau für uns und unsere Rolle in der Gemeinde?

Ergänzend zu Ananias und Saphira wollen wir drei praktische Dinge benennen:

1. Lass dich nicht isolieren

Satan gibt alles dafür, um die Beziehung zu deiner Gemeinde zu stören und um dich von der Glaubensgemeinschaft zu isolieren. Sobald ein Gläubiger denkt: „Ich brauche die Gemeinde nicht, ich kann, was meinen Glauben betrifft, auch für mich alleine sorgen", hat Satan einen Angriffspunkt. Er wird versuchen, diesen Gedanken auf unzählige Arten und Weisen zu bestätigen: Reibereien mit anderen Gläubigen, Irritationen über Entscheidungen der Leitung, sich in Fragen nicht verstanden fühlen und allerhand andere negative Gedanken.

2. Kämpfe für Einheit

Lass dich nicht benutzen für „Verbrechen" an der Gemeinde. Weigere dich, in irgendeiner Art ein Ventil für Spaltung zu sein. Lass dich nicht vom Teufel als Instrument gebrauchen, irgendwo Keile hineinzutreiben. Sage dir selbst: „Ich werde nicht die Person sein, die die Einheit der Gemeinde in Gefahr bringt." Mach die Zugänge dicht. Das kannst du auf verschiedenste Arten und Weisen tun, zum Beispiel indem du dich Orten und Personen beißender Kritik, Lästereien und Verleumdungen entziehst. Oder indem du dich dem Mobben und Klagen enthältst und eher für eine Kultur der Wertschätzung und Ermutigung sorgst. Dies erreichst du meist sehr einfach durch aufbauende Worte, die demjenigen, der sie hört, guttun.

3. Bleibe beim Kern

Eine Einheit bricht oftmals bereits durch Nebensächlichkeiten auseinander. Entscheide dich daher bewusst dafür, deine Energie nicht für Meinungsverschiedenheiten zu verschwenden über Themen, die meist nicht entscheidend sind. Lass dich nicht dazu gebrauchen, haltlose Diskussionen über Punkte und Kommas in Bibelversen zu führen, die den Inhalt dieser Verse noch nicht einmal verändern. Entlarve hingegen die Listigkeiten des Teufels und investiere dich darin, die Einheit zu stärken.

Maxime 3: Sei offen in deiner Haltung

Im zehnten Kapitel der Apostelgeschichte erfahren wir, wie Gott Stück für Stück an Petrus verdeutlicht, dass die Botschaft des Evangeliums nicht nur für die Juden, sondern auch für die Heiden (alle Menschen) bestimmt ist. Und Gott will Petrus dazu bringen, dass er Cornelius, einem römischen Hauptmann, einen Besuch abstattet. Unser erster Gedanke ist vielleicht: „Das ist doch kein Ding, oder?" Doch für uns heute ist es kaum vorstellbar, was das damals für Petrus bedeutete. Es löste ein regelrechtes Erdbeben in seinen Gedanken aus, es war ein Anschlag auf all das, an was er glaubte – denn Juden umgaben sich nicht mit Heiden. Dann wurde man unrein. Für Petrus war dieser Besuch ein absolutes und buchstäbliches No-Go.

Die Situation war also klar: Bevor Gott die Herzen der Heiden erreichen, bevor sich das Herz von Cornelius verändern konnte, musste er erst das Herz von Petrus verändern.

Und Gott musste dafür einiges in Bewegung setzten, sodass Petrus letztendlich ging: eine Vision, ein nachdrückliches Sprechen des Heiligen Geistes und drei Männer, die ihn holten. Aber Petrus beweist Charakter, denn er zeigt sich belehrbar bzw. lässt er es zu, dass Gott zu ihm sprechen und sein Denken korrigieren darf – dass Gott in dieser Welt arbeitet und eine andere Sicht auf die Menschen hat als er selbst.

Und siehe da: Die Offenheit von Petrus gegenüber Gottes Vorhaben bringt geistliche Frucht hervor. Cornelius und alle Menschen, die bei ihm in seinem Haus wohnen, finden zum Glauben an Jesus Christus. Sie empfangen den Heiligen Geist und damit ist der Funke von den Juden auf die Heiden übergesprungen. Und gleichzeitig öffnet dieser Moment für Paulus jegliche Türen, das Evangelium in einem rasenden Tempo in die Welt hinaus- und in die Herzen vieler Heiden hineinzubringen.

Nicht arriviert sein

Die Gemeinde Jesu braucht Männer und Frauen, die das belehrbare Herz eines Schülers haben. Henk und ich sehen das als entscheidend an. Sind wir noch wissbegierig und offen dafür, immer mehr zu erkennen, wer Gott ist und wie er handeln will, oder sind wir arriviert und versteift in unseren Erkenntnissen, sodass kein Bulldozer da noch etwas und letztlich uns bewegen kann? Gestatten wir es Gott, unser Denken zu korrigieren oder hören wir vor allem gerne die Dinge, die unsere Meinung bekräftigen? Dort, wo unser Denken über Gott, andere Menschen und die Welt in Beton gegossen ist, bekommt Gott keinen Raum, um unser Denken zu korrigieren, obwohl wir das eigentlich nötig hätten.

Vielleicht sagst du: „Ich bin jetzt schon so lange mit Gott unterwegs, ich weiß schon alles." Genau dann benötigst du diese Botschaft. Vergiss nicht: Petrus war drei Jahre lang an der Seite von Jesus. Er war Zeuge seiner Auferstehung, wurde vierzig Tage lang vom auferstandenen Jesus unterrichtet, empfing an Pfingsten Gottes Geist, ließ durch Gottes Wirken Lahme laufen und erweckte Tote ... und trotzdem hatte er es nötig, dass Gott ihn in seinem Denken korrigiert. In seinem Denken darüber, wer Gott ist und wie Gott in dieser Welt (mit ihm) arbeiten will.

Petrus zeigte sich gelehrig und offen. Und aufgrund seiner Haltung geschah ein gigantischer Durchbruch für die Verbreitung des Evangeliums. Auch heute braucht die Gemeinde Männer und Frauen mit einer offenen Haltung des Herzens, um nach Gottes Plan gebraucht zu werden, sodass die Welt für das Evangelium erreicht werden kann.

Maxime 4: Gehe gut mit Konflikten um

Auf einmal steht allerdings im weiteren Verlauf der Apostelgeschichte geschrieben:

Sie stritten so heftig miteinander, dass sie sich schließlich trennten.
Während Barnabas mit Markus nach Zypern hinüberfuhr.
Apostelgeschichte 15,39

Paulus und Barnabas hatten einen Streit. Sie stritten über die Frage, ob Markus auf die Missionsreise sollte oder nicht. Paulus war der Meinung, dass er das nicht müsste, da Markus sich bei der ersten Reise bereits abgekoppelt hatte. Barnabas hingegen wollte Markus eine zweite Chance geben. Wer hatte nun recht? Für beide Standpunkte gab es gute Gründe. Barnabas hätte äußern können: „Zumindest er will mit, während tausende andere gemütlich zu Hause bleiben." Und Paulus hätte erwidern können: „Steinigung, Schiffbruch, Schmerz, Hunger, Durst und Kälte – ich will Markus diesen Dingen nicht aussetzen." Wer hatte nun recht?

Wir wissen es nicht. Uns ist nur das Ergebnis des Streits überliefert: „Verbitterung" – ein sehr negativ geladenes Wort. Allem Anschein nach ging es damals wirklich heftig zur Sache und es endete damit, dass sich Wege trennten. Barnabas ist danach von der Oberfläche verschwunden, jedenfalls erfahren wir in der Bibel nur noch wenig über ihn.

Eine traurige Situation, wenn man bedenkt, was Paulus und Barnabas gemeinsam alles durchgemacht hatten: Während ihrer ersten Missionsreise haben sie gemeinsam viele Entbehrungen durchgestanden, und sie konnten auch die geistliche Frucht erkennen, die ihr Dienst erbracht hatte. Bis zu ihrem Streit waren sie unzertrennlich; sie werden gemeinsam fast zwanzigmal in der Bibel genannt, wovon sechsmal Barnabas und dreizehnmal Paulus an erster Stelle dokumentiert ist. Das zeigt, wie Paulus eine immer wichtigere Position gegenüber Barnabas einnahm. Aber dieser fühlte sich nicht bedrängt. Im Gegenteil. Er ließ Paulus gewähren.

So läuft es auch manchmal in der Gemeinde ab. Jahrelang wachsen Menschen harmonisch miteinander auf, sie feiern die schönsten Segnungen, schlagen sich durch die größten Schwierigkeiten hindurch und plötzlich geht doch etwas zu Bruch. Es entsteht ein Konflikt, der oft damit endet, dass einer der beiden die Bildfläche verlässt.

Ich (Theo) befand mich selbst auch bereits in Situationen, in denen es zu Spannungen kam. Ich erzähle das, bin aber keineswegs stolz darauf: Während eines Großprojekts in Griechenland, das ich für „Athletes in Action" organisierte, bin ich einem Kollegen gegenüber plötzlich so ausfallend geworden, dass ich mich selbst erschrocken habe. Ich war so sauer, dass es mir völlig egal war, ob das ganze Büro mithörte. Ich ließ meinem Frust einfach freien Lauf. Zum Glück konnten wir den Zoff anschließend wieder schlichten und es blieb kein Schaden zurück.

Ich bin sehr dankbar dafür, dass mir bislang ein irreparabler Bruch mit anderen Menschen erspart geblieben ist. Aber ich will auch ehrlich sein und zugeben, dass ich damals erst, nach der Situation in Griechenland, zu einer tiefen Erkenntnis gelangte. Dass ich tief in meinem Herzen in der Lage bin, alles, was für mich kostbar ist, auf dem Altar meines eigenen Rechts zu opfern. Andererseits weiß ich auch, und das ist das Gute, was ich aus der Situation gelernt habe, dass ich genauso tief in meinem Inneren dazu im Stande bin, es zu vermasseln. Und dieses Wissen verkleinert jetzt die Möglichkeit, dass ich es heutzutage auch tatsächlich tue.

Ich möchte dieses Kapitel beenden mit einer guten Nachricht: Durch die Briefe des Apostels Paulus erfahren wir, dass die Beziehung zwischen Barnabas und Paulus später wieder in Ordnung geriet, sie wurde wiederhergestellt. Wie es dazu kam? Das berichtet uns die Bibel nicht. Vermutlich aber wurde es vom Heiligen Geist geführt, der von seinem Wesen her sehnlichst nach Einheit verlangt.

Vier Maximen, die die Welt verändern: Empfänglich sein für den Geist Gottes, nach Heiligkeit verlangen, eine offene Haltung bewahren und gut mit Konflikten umgehen. Mit welcher dieser vier Leitgedanken möchtest du dich nächsten Sonntag auf den Weg in deine Gemeinde machen?

GEMEINSAM GOTTES GEMEINDE BAUEN

KAPITEL 9

Die Männerbewegung „Der 4te Musketier" ist 2008 aus der Gemeindearbeit heraus entstanden. Drei Ortsgemeinden entschieden sich, dem Vorhaben „Der 4te Musketier" ihren Segen und je 500 Euro an Startkapital zu geben, sodass die Bewegung starten konnte. Heute verhält es sich so, dass sich „Der 4te Musketier" für die Gemeinde stark macht. Einer der Grundwerte der Bewegung ist: Wir wollen die Gemeinde stärken und unterstützen. Als Bewegung wollen wir uns nicht um uns selbst drehen. Daher sagen wir auf jedem Charakterwochenende zu den Männern: „Geh zurück in deine Gemeinde, geh zu deinem Pastor und sag ihm, wie du dich künftig engagieren willst!"

In diesem Kapitel wollen wir konkret eingehen auf die Frage: „Wie denn genau? Wie können wir dabei helfen, Gemeinde zu bauen?"

Henk und ich (Theo) haben im Zusammenhang mit der strategischen Entwicklung der Bewegung „Der 4te Musketier" genau über diese Frage nachgedacht. Und wir sind sehr erstaunt über die enorme Entwicklung, die „Der 4te Musketier" in den letzten Jahren erlebt hat. Die Bewegung breitet sich weltweit in immer mehr Ländern aus. In der letzten Zeit erhielt ich von Henk regelmäßig Nachrichten, die besondere Neuigkeiten enthielten. Offene Türen und neue Chancen, die uns von Gott geschenkt wurden, und die bei mir letztendlich noch mehr Kraft freisetzten, was es betrifft, den Auftrag von „Der 4te Musketier" zu verwirklichen: Inspiration für jedes Männerherz und Wellen der Gerechtigkeit – weltweit! Jedes Mal habe ich dann nach passenden Worten gesucht, um vor Gott meine Dankbarkeit auszudrücken: „Super!" Oder: „Großartig!" Oder: „Amen!" Aber sehr oft konnte ich meine Dankbarkeit in Worte gar nicht fassen und so murmelte ich lediglich ein leises „Danke, Herr!"

Aufgrund dessen, dass die Bewegung immer internationaler wurde und wie wir wussten, dass es mit der Bewegung unsere Bestimmung ist, Gemeinden weltweit zu stärken und zu unterstützen, haben wir daher auch nach Hilfestellungen gesucht, um Gemeinde Jesu zu bauen, die überall auf der Welt besteht. Sozusagen nach dem kleinsten gemeinsamen Nenner weltweit – völlig losgelöst von dem Kontinent, auf dem du wohnst, der Kultur, in der du lebst, und der Sprache, die du sprichst. Ob es nun die Gemeinde in Polen, Belgien, Norwegen, Deutschland, Südkorea, Amerika, Australien, Afrika, Asien,... betrifft. Die Frage, die uns beschäftigte, war: Wie können wir einmütig sein, ein Herz und eine Seele, und weltweit Schulter an Schulter an der Gemeinde Gottes bauen?

Das Erbe Jesu

Bei der Suche nach der passenden Antwort stießen wir erneut auf das bedeutungsvolle Wort „einander", das Jesus benutzte. Und wir stellten fest, bei allem, was man sagen könnte, ist das das Wichtigste: das allumfassende „liebt einander" von Jesus. So wie er es selbst am Abend vor seinem Tod noch einmal vor seinen Jüngern in aller Deutlichkeit betonte:

Heute gebe ich euch ein neues Gebot: Liebt einander! So wie ich euch geliebt habe, so sollt ihr euch auch untereinander lieben.
Johannes 13,34

Und so lautet mein Gebot: Liebt einander, wie ich euch geliebt habe.
Johannes 15,12

An eurer Liebe zueinander wird jeder erkennen, dass ihr meine Jünger seid. Johannes 13,35

Gottes Liebe, die wir selbst empfangen haben, ist das Geschenk, das am meisten aufbaut. Und sie unter-„einander" auszugießen, ist wohl das größte und beste Geschenk, das wir der Gemeinde – wo auch immer sie sich auf der Welt befindet – machen können.

Was wirklich von Bedeutung ist

Neben Jesus haben auch später Männer wie Johannes, Petrus und Paulus erkannt, dass dies die effektivste Art und Weise ist, um Gottes Gemeinde zu bauen. Johannes sieht in der Liebe, die wir uns gegenseitig schenken sogar den Punkt, wie sich unser Glaube an Jesus Christus bewahrheitet:

Und das ist sein Gebot, dass wir glauben an den Namen seines Sohnes Jesus Christus und lieben uns untereinander, wie er uns das Gebot gegeben hat. 1. Johannes 3,23 (LÜ)

Etwas später wird er noch deutlicher:

Sollte nun jemand behaupten: „Ich liebe Gott", und dabei seinen Bruder oder seine Schwester hassen, dann ist er ein Lügner (...). 1. Johannes 4,20 (LÜ)

(...) denn wer seinen Bruder nicht liebt, den er sieht, der kann nicht Gott lieben, den er nicht sieht. 1. Johannes 4,20 (LÜ)

Aber nicht nur Johannes konzentriert sich auf die Liebe untereinander, Paulus tut dies ebenso:

Seid niemandem etwas schuldig, außer dass ihr euch untereinander liebt; denn wer den andern liebt, der hat das Gesetz erfüllt. Römer 13,8 (LÜ)

Und Petrus fordert dazu auf:

Vor allem aber lasst nicht nach, einander zu lieben (...). 1.Petrus 4,8

An Gottes Gemeinde bauen

Kurz gefragt, wie können wir nun weltweit Gottes Gemeinde bauen? Indem man sich untereinander liebt, so wie man von Gott geliebt und ein Zeugnis für die Welt ist.

Nun kann das vielleicht noch etwas unerreichbar klingen. Was bedeutet das also in der Praxis? In diesem Kapitel wollen wir uns auf drei (unter-)„einander"-Texte konzentrieren, in denen deutlich wird, wie Gottes Liebe durch uns in der Gemeinde sehr konkret zum Vorschein kommen kann. Aber wir müssen dazu noch sagen, dass dies lediglich drei Texte von zahlreichen anderen sind, die man dazu in der Bibel finden kann. Aber wir glauben, dass gerade diese drei Gottes grenzenlose Liebe besonders deutlich zum Ausdruck bringen und dass sie zugleich auch kraftvolle Bausteine sind, um Gottes Gemeinde zu stärken – damit andere Menschen sagen werden: *Gott ist wirklich mitten unter euch!* 1. Korinther 14,25

1. Vergebt einander

Der erste Text beinhaltet den vielleicht sogar größten Ansporn aller drei Texte und ist zugleich auch der schwierigste. Aber er hat eine enorme Wirkung auf das Gemeindeleben. Darum werden wir auf ihn am ausführlichsten eingehen. Zweimal ruft Paulus dazu auf, sich einander zu vergeben:

Ertragt einander und seid bereit, einander zu vergeben, selbst wenn ihr glaubt, im Recht zu sein. Denn auch Christus hat euch vergeben. Kolosser 3,13

Und im Epheserbrief heißt es:

Seid vielmehr freundlich und barmherzig, und vergebt einander, so wie Gott euch durch Jesus Christus vergeben hat. Epheser 4,32

Sehr passend ist die Tatsache, dass Paulus für diese Ermahnung im ursprünglichen griechischen Text eine Wortform benutzt, in der unentwegt ein Aufruf mitschwingt. Was er sagen möchte, ist also: Vergebt nicht nur gelegentlich, sondern lebt mit einer konstanten vergebungsbereiten Haltung.

Was kann uns motivieren, so zu leben? – „so wie Gott euch durch Jesus Christus vergeben hat". Das Tolle ist, dass die Worte „so wie" gleichzeitig auch „da" oder „weil" bedeuten. Mit anderen Worten: Jesus gibt uns nicht nur ein Beispiel, sondern er gibt uns auch die Kraft dazu, einander vergeben zu können.

Den Mangel an Bereitschaft, einander zu vergeben, sehen Henk und ich als einen der größten Feinde für ein starkes und Frucht hervorbringendes Gemeindeleben. Viel zu schnell bekommen heutzutage Groll und Bitterkeit die Möglichkeit, sich breitzumachen und sich bei uns im Kopf wie im Herzen einzunisten. Andersherum gilt auch: In einer Atmosphäre gelebter Vergebung kann jeder frei heraus atmen und es besteht jeglicher Raum dazu, das Leben so zu begehen und zu feiern, wie Gott es sich gedacht hat.

Siebenmal

Dass Jesus selbst über das Thema Vergebung sehr deutlich gelehrt hat, ist wenig verwunderlich. Zu seinen Jüngern sagte er:

Hütet euch! Wenn dein Bruder sündigt, so weise ihn zurecht; und wenn er es bereut, vergib ihm. Und wenn er siebenmal am Tag an dir sündigen würde und siebenmal wieder zu dir käme und spräche: „Es reut mich!", so sollst du ihm vergeben. Lukas 17,3–4 (LÜ)

Fällt es dir auf? Jesus spricht hier über „deine Brüder" und nicht über irgendwelche Menschen von außerhalb.

Als Menschen sind wir vor Jesus gebrochene Menschen, die auf ihrem Weg sind hin zur ihrer Ganzheit. Nur ist es so, dass gebrochene Menschen noch Brüche machen. Wenn ein Bruder oder eine Schwester etwas „zerbricht", dann fällt uns das auf und mitunter sind wir erstaunt, wie manche Menschen darauf reagieren. Dann ist es gut zu wissen, die Vollkommenheit, die wir eines Tages bei Jesus erfahren werden, ist noch nicht hier. Bis zur Wiederkunft Jesu bleibt die Gemeinde eine unvollkommene Widerspiegelung des Wesens eines perfekten Gottes. Und die Gebrochenheit in uns verlangt nach etwas, das wir manchmal echt schwierig finden: Gottes Geschenk der Vergebung an uns selbst umzusetzen, in Form einer vergebungsbereiten Haltung. Ohne diese Art von Einstellung verhielte sich das Leben in einer Gemeinde so, als ob man mit viel zu vielen Menschen in einem viel zu kleinen, warmen Raum sitzen würde und alle Türen und Fenster wären verriegelt. Es wäre erdrückend und erstickend.

Klemme

Nun wissen wir nicht, was dieser Impuls im Hinblick auf Vergebung für dich persönlich bedeutet. Vielleicht willst du uns am liebsten entgegenschreien: „Ihr wisst ja gar nicht, was mir in der Gemeinde angetan wurde und wie man mit mir umgegangen ist! Ich soll das vergeben? Das ist völlig unmöglich!"

Wir wissen, dass so etwas vorkommt und dass Menschen in der Gemeinde zutiefst verletzt werden. Das Einzige, was wir dir jetzt hier und an dieser Stelle sagen können, ist, dass du nicht der bzw. die Einzige bist, der bzw. die sich von den Worten Jesu „eingeklemmt" fühlt. Als die Apostel hörten, was Jesus sagte: „Vergib siebenmal am Tag", was soviel bedeutete wie „vergib immer", war ihre Reaktion:

Stärke uns den Glauben! Lukas 17,5 (LÜ)

Sie konnten es sich einfach nicht vorstellen: „Einmal zu vergeben, ist meist schon schwierig genug, aber siebenmal bzw. immer? Wie sollen wir das schaffen? Das ist zuviel verlangt. Das ist unmöglich." Aber dann ist dort wieder Jesus. Er lässt sie mit ihren Aussagen und Gedanken nicht allein und sagt:

(…) selbst wenn euer Glaube so winzig wäre wie ein Senfkorn, könntet ihr diesem Maulbeerbaum befehlen: „Reiß dich aus der Erde und verpflanze dich ins Meer!" – es würde sofort geschehen. Lukas 17,6

Genau hierin liegt der Kern, was du tun kannst: Den eigenen Glauben zu wecken bezüglich der Tatsache, dass Gott definitiv das tun wird, was wir absolut nicht können. Nämlich uns zu Menschen zu machen, die bereit sind, sich einander zu vergeben. Und wir sollen einander helfen, dies noch intensiver von Gott zu erwarten und noch viel reicher aus ihm zu leben.

Vierfach unmöglich

Henk und ich sind jedes Mal sehr bewegt, wenn wir sehen, wie Jesus uns in unserer „Inkompetenz" begegnet – in dem Gefühl, das ausdrückt, dass etwas menschlich gesehen schlichtweg nicht möglich ist. Er unterstreicht das „unmöglich" in dem genannten Beispiel sogar viermal. Erst spricht er über das Entwurzeln eines Maulbeerbaumes, was an sich schon eine unmögliche Sache ist. Denn alte Maulbeerbäume haben ein so komplexes Wurzelsystem, dass man absolut nicht daran rütteln kann. Darüber hinaus darfst du ja noch nicht einmal deine Hände benutzen, sondern musst zu dem Baum sprechen. Und anschließend sollst du den Baum in einen See pflanzen. Wie soll bitte ein Baum, den du gerade per Worten entwurzelt hast, einfach so weiterwachsen, und zwar inmitten von Wasser? Aber damit nicht genug! Es wird noch verrückter, denn Jesus bezieht sich nicht auf das Mittelmeer, sonst hätte hier „großes Meer" gestanden, sondern er meinte das Tote Meer. Und wir wissen alle, dass dort nichts wächst. Weder am Ufer noch erst recht nicht mittendrin. Kurz gesagt: Einen Maulbeerbaum in das Tote Meer zu verpflanzen, indem man zu ihm spricht, ist absolut unmöglich.

Denken wir aber nicht oftmals genauso? Eine Gemeinde, die von ihrem Herzen her vergebungsbereit ist – das ist doch unmöglich? Aber Jesus sagt: Selbst wenn ihr nur einen minimalen Glauben habt, der aber Großes von Gott hält, dann wird es euch möglich sein. Und dann darfst du dich selbst überraschen und den anderen vergeben: einmal, zweimal, ja sogar bis zu siebenmal am Tag.

Wie du Gemeinde bauen kannst? Indem du genau da anderen hilfst, es intensiv von Gott zu erwarten. Vergebt einander und helft einander dabei, einander zu vergeben. Gehe mit gutem Beispiel voran! Hilf dabei, ein himmlisches Klima des Lebens zu kreieren, indem du sagst: „Mir wurde vergeben und darum werde ich vergeben durch die Kraft, die Gott mir schenkt."

2. Bekennt einander eure Sünden und betet füreinander

Die zweite Art, wie man an Gottes Gemeinde bauen kann, ist, sich untereinander zu helfen, von der Sünde loszukommen und füreinander zu beten. Es ist Jakobus, der uns hierzu aufruft:

Bekennt einander eure Sünden und betet füreinander, damit ihr geheilt werdet(…). Jakobus 5,16

In der Regel betrachten wir unsere Sünden als streng private Angelegenheiten. Der Gedanke, dass die Sünden eines Einzelnen auch alle anderen betreffen, ist uns nicht mehr so geläufig. Dass die Sünde von Ananias und Saphira die gesamte Gemeinde traf, damit können wir heutzutage nicht mehr gut umgehen. Wir denken vielmehr: Was macht es schon der Gemeinde aus, wenn ich an meiner Sünde, die tief verborgen im Inneren meines Herzens weilt, festhalte?

Alles.

Es macht einen entscheidenden Unterschied aus. Zumindest ist es das, was Jakobus uns deutlich machen will. Denn die Sünden eines Einzelnen haben zugleich auch einen geistlich negativen Effekt auf die Gemeinde. Und darum sagt er: Bekennt „untereinander" eure Sünden und betet „füreinander"! Lasst euch gegenseitig nicht hängen! Übernehmt Verantwortung füreinander! Unterstützt euch gegenseitig, um die Last der Sünde abwerfen und wieder bereinigen zu können!

Sicherer Ort

Henk und ich haben oft Menschen in Angst davor gesehen, so gesehen zu werden. Angst davor, dass andere Menschen wissen könnten, wer sie wirklich sind. Sie wollten daher mit niemandem und nichts zu tun haben.

Was sind deine dunkelsten Geheimnisse? Deine größten Probleme? Deine schlimmsten Gedanken? Welche Sorgen versuchst du tagsüber zu unterdrücken, die aber in der Stille und der Dunkelheit der Nacht wieder hochkommen? Warum überfällt dich manchmal das Gefühl von Wut so wie ein Blitz bei klarem Himmel? Wie kommt es dazu, dass du plötzlich etwas durch den Raum schmeißt oder du einen Urschrei deiner Frustration nicht mehr unterdrücken kannst?

Jakobus sagt: Unterstützt euch gegenseitig, um loszukommen von der Sünde und betet füreinander. Hast du in der Gemeinde einen Ort, zu dem du kommen darfst, mit allem, was sich in deinem Leben so abspielt? Und bist du selbst für jemand anderen solch ein „sicherer Ort"?

Weißt du, welche Verheißung vor uns liegt, wenn wir auf diese Weise auf uns gegenseitig achtgeben? „Dann werdet ihr geheilt werden" – so viel können wir innerhalb der Gemeinde einander bedeuten. Wie du dahin gelangen kannst? Nur indem du dich darauf einlässt und es probierst. Mit anderen Worten: indem du anfängst zu handeln.

3. Tragt einander die Last

Weißt du, was passieren wird, wenn wir aus Vergebung leben, und zwar in der Art, dass wir einander helfen, um mit einer sauberen Weste zu leben? – Unsere Herzen werden dann frei. Es entsteht ein neuer Raum, um uns selbst für andere zur Verfügung zu stellen. Unser Inneres kostet uns nicht mehr so viel Energie, denn wir sind frei von Groll, Reue und verborgenen und schlummernden Sünden. Als Menschen, denen vergeben wurde und die erlöst sind, können wir uns nun selbst ganz hingeben für den Dienst aneinander, und zwar mit dem Besten, was uns dafür gegeben wurde. Insofern ist dies der dritte Aspekt, wie wir an Gottes Gemeinde bauen können:

Einer trage des Andern Last, so werdet ihr das Gesetz Christi erfüllen.
Galater 6,2 (LÜ)

In einer anderen Übersetzung heißt es an der Stelle:

Helft euch gegenseitig bei euren Schwierigkeiten und Problemen, so
erfüllt ihr das Gesetz, das wir von Christus haben. Galater 6,2 (NL)

Klingt etwas seltsam, oder? Auf welche Art und Weise liegt hierin
nun ein Ansporn, um mit dem Besten was uns gegeben wurde,
an der Gemeinde zu bauen? Und was ist hiermit eigentlich genau
gemeint?

Du denkst vielleicht direkt an so etwas wie „Halte die Macken des
anderen aus" oder an „Unterstützt euch gegenseitig in den Sorgen,
die das Leben so mit sich bringt". Nun sind das ja eigentlich gute
Gedanken. Aber wir denken dennoch in eine andere Richtung. Das
griechische Wort für „Lasten" kann man auch verstehen als „bedeutende Dinge, die einem Ansehen verschaffen". „Tragt gegenseitig
eure Lasten" meint dann nichts anderes als: Akzeptiere, dass einer
wegen bestimmter Ansichten etwas mehr hervorragt als ein anderer.
Drücke ihm nicht die Luft ab, schaue nicht herablassend auf ihn
hernieder, sondern achte den anderen höher als dich selbst.

Freude und Enthusiasmus

Eine Gemeinde kann nur dann in ihrer ganzen Fülle gedeihen
und funktionieren, wenn reichlich Freude und Enthusiasmus über
die Gaben des jeweils anderen herrschen. Ermutigung und Bestär-
kung der Gaben eines anderen sind das A und O.

Und auf die Frage bezogen, wie du an der Gemeinde bauen
kannst, bedeutet das: Liebe, indem du Rivalität, Konkurrenz und
Neid keinen Raum schenkst! Liebe, indem du den anderen so
annimmst, wie er ist!

Für manche Kulturen ist das eine große Herausforderung, zum
Beispiel für die niederländische, denn diese sieht jeden Men-

schen – so gut es geht – bezüglich seines Wertes als gleich an. Typisch sind daher Sätze wie: „Sei einfach normal, dann bist du schon verrückt genug." Oder: „Bilde dir nicht zu viel ein." Sobald du also in den Niederlanden deinen Kopf auch nur ein paar Zentimeter über dem Boden herausragen lässt, kannst du den Ausblick meist nur sehr kurz genießen. Es sei denn, du kannst sehr gut Kritik einstecken.

Wie auch immer die Kultur in deinem Land ist, der biblische Weg ist dieser: Lasst einander glänzen, bringe das Beste in dem anderen zum Vorschein und genieße es in vollen Zügen zu erleben, mit welcher besonderen geistlichen Frucht Gott in dem anderen wirkt.

Laufen und predigen

Henk und ich haben hierüber einmal ein ehrliches Gespräch geführt. Wir beide lieben es, zu laufen und zu predigen. Als Freunde motivieren wir uns und spornen uns gegenseitig an, um aus uns das Bestmögliche herauszuholen, was Gott in uns hineingelegt hat. Auch in eben diesen Bereichen: laufen und predigen. Aber eines Tages erkannten wir, dass jeder von uns doch lieber schneller lief als der andere. Wir wollten jeder für sich gewinnen. Und als es uns auffiel, gaben wir einander widerwillig zu: Das ist der wettstreitende Hahn in uns. Und wir führten ein Gespräch von Herz zu Herz, in dem wir darüber sprachen, wie wir den anderen sehen in Bezug auf uns selbst. Wir fanden dann gemeinsam eine Lösung, von der wir immer noch sehr profitieren. Wir entschieden uns, uns gegenseitig zu freuen über den anderen, wenn dieser in den gleichen Fähigkeiten, die man selbst hatte, aufblühte. Mit anderen Worten: Ist Henk gut im Rennradfahren und ich im Laufen, dann findet es der Hahn in meinem Inneren einfacher zu jubeln, wenn Henk beim Rennradfahren gewinnt, als wenn er beim Laufen gewinnt, während ich selbst bei diesem Wettkampf mitmache.

Und weißt du, was verwunderlich ist? Seitdem wir uns über diese (teils unbewusste) Dynamik in unserem Inneren bewusst geworden sind und so ehrlich darüber sprechen konnten, spielen die Gedanken von früher absolut keine Rolle mehr. Es scheint so, als ob etwas durchbrochen wurde. Durch das Einander-mitteilen entstand ein neuer Raum, sich gemeinsam gegenseitig alles zu gönnen.

Das bedeutet es, gegenseitig die Lasten zu tragen: Zieht euch gegenseitig hoch und helft anderen, sich zu entfalten: weiter, höher und schöner, als ihr es selbst jemals könntet.

Vergebt einander.
Bekennt untereinander eure Sünden und betet füreinander.
Tragt miteinander eure Lasten.

Diese Dinge benötigt die Gemeinde Gottes – auf der ganzen Welt.

G

GERECHTIGKEIT

Das vierte „G" steht für Gerechtigkeit. Um mit „G-Kraft" leben zu können, ist es notwendig, dass wir Gott als einen Gott kennen, dem es danach verlangt, dass Recht und Gerechtigkeit so wie ein reißender Strom in einem dürren Land fließen sollen. Und dazu gehört, dass wir selbst Menschen sind, die leidenschaftlich nach Gerechtigkeit streben und ihr nachjagen, da dies auch dem Wesen Gottes entspricht.

In den folgenden drei Kapiteln gehen wir auf drei Arten ein, wie man für Gerechtigkeit sorgen und Recht schaffen kann: sich um Menschen zu kümmern, die in Armut leben, sich solidarisch zu zeigen mit der Situation und dem Leid unterdrückter Christen und sich einzusetzen für die Befreiung von Sklaven. Im Kampf für diese Arten von Gerechtigkeit kooperieren wir im Rahmen der Männerbewegung „Der 4te Musketier" eng mit drei Organisationen, die genau diese Ziele verfolgen: Das christliche Kinderhilfswerk „Compassion" will Kinder in Jesu Namen aus der Armut befreien, die Menschenrechtsorganisation „Open Doors" strebt danach, in aller Welt Christen, die aufgrund ihres Glaubens verfolgt werden, zu unterstützen und die Initiative „A21" hat sich zum Ziel gesetzt, Sklaven zu befreien, Menschenhandel zu stoppen und die Sklaverei im 21. Jahrhundert generell abzuschaffen.

GUTE NACHRICHT FÜR DIE ARMEN

KAPITEL 10

Mit Gott leben, für Gemeinschaft kämpfen und der Gemeinde dienen: Die ersten drei „G" knüpfen nahtlos aneinander an und können gemeinsam unglaublich viel „G-Kraft" in deinem Leben erzeugen. Und dennoch ist das noch nicht alles. Wenn unser Buch hier enden würde, dann würde es hinken. So als ob bei einem Film bereits der Abspann auf dem Bildschirm erscheinen würde, während der Streifen noch lange nicht zu Ende wäre. Was noch fehlt? Das vierte „G" – das „G" der Gerechtigkeit.

Gerechtigkeit gehört gemeinsam mit Familie und Gemeinde untrennbar zum Kern unseres Lebens mit Gott. Henk und ich (Theo) sind regelmäßig verblüfft darüber, wie viel „G-Kraft" darin verborgen liegt, wenn wir nach Gerechtigkeit streben und uns für sie einsetzen. Dabei haben wir Gottes Wirken auf vielerlei Arten und Weisen erlebt, wie wir es nicht für möglich hielten. Und unsere Herzen sind auf eine völlig unvermutete Art zum Leben erweckt worden, nämlich im Sich-selbst-geben für die Allerärmsten und Verwundeten. Und wir fragen uns: „Sind wir als Christen nicht genau dafür da?"

Mit der Bewegung „Der 4te Musketier" haben wir einen Traum: Wir wollen Wellen der Gerechtigkeit auslösen, und zwar weltweit. In diesem vierten Teil des Buches wollen wir euch daran teilhaben lassen, wie wir – persönlich und als Musketier-Bewegung – im Kampf für soziale Gerechtigkeit mittlerweile involviert sind. Wir beginnen dieses Kapitel daher mit dem Kampf gegen Armut. Anschließend werden wir ausgehend von der Bibel aufzeigen, wie viel Gott bereits am Schicksal der Armen gearbeitet hat und wie er auch von uns verlangt, etwas dagegen bzw. für die Menschen zu tun. Wir kommen also bei Gottes Lösung für Armut an und was diese Lösung für uns bedeutet. Zuerst aber wollen wir erzählen, wie uns der Kampf gegen Armut zu einer Herzenssache geworden ist.

Einsatz für die Allerärmsten

„Der 4te Musketier" fand 2008 in den Niederlanden seinen Anfang mit dem ersten Charakterwochenende in den belgischen Ardennen. Wir sind immer noch sehr froh darüber, dass jeder der Teilnehmer dieses erste Wochenende relativ ungeschoren überstanden hat – aber mehr noch, dass Gottes Kraft spürbar da war. Männer fielen während des Wochenendes vor dem Kreuz auf die Knie und fanden eine klare Beziehung zu Jesus. Was aus diesem ersten Wochenende entstehen sollte, war uns damals noch nicht bewusst. Es folgten weitere in den Ardennen, später auch in Schottland und mittlerweile an zahlreichen anderen Orten weltweit.

Während der Charakterwochenenden ermutigten wir die Teilnehmer dazu, Verantwortung für Gerechtigkeit zu übernehmen, die sich konkret darin ausdrücken kann, einem Kind auf der Welt Hoffnung und Zukunft zu schenken. In Zusammenarbeit mit der Stiftung „Compassion" bieten wir den Teilnehmern an, eine Patenschaft für ein notleidendes Kind abzuschließen und ihm so Versorgung und Bildung zukommen zu lassen. Nach den ersten Charakterwochenenden wurden Männer darüber inspiriert und wollten unbedingt noch mehr für die Allerärmsten tun. Und so entstand aus einer anfangs spontanen Dynamik des Sich-Bewegens eine mittlerweile stabile und sehr gute Partnerschaft zwischen „Der 4te Musketier" und „Compassion".

Es schien für alle Beteiligten anfangs ein stressiges und unbekanntes Abenteuer zu sein. Und es wuchsen wertvolle Freundschaften untereinander, unter anderem mit Tiemen Westerduin von „Compassion" in den Niederlanden. Henk und ich haben es immer noch vor Augen, wie er während eines Charakterwochenendes unermüdlich wie ein Diesel durch den Wald stapfte: nicht kleinzukriegen, immer positiv und mit einem bewundernswert großen Herz für die Allerärmsten.

Zwei Jahre später nahm Tiemen Westerduin einige Leiter von „Der 4te Musketier" mit nach Ruanda, um ihnen dort vor Ort die Arbeit von „Compassion" zu zeigen. Von den Folgen der Armut, die wir dort antrafen, waren wir zutiefst erschüttert. Aber auch die effektive Herangehensweise von „Compassion" berührte uns sehr. „Armut muss nicht sein!", schoss es uns immer wieder durch den Kopf. Wir begannen zu beten und zu träumen: Wie nur können wir unsere Kräfte maximal bündeln, um in unserer Generation den Riesen der Armut niederzureißen? Wie können Männer und Frauen zu krafterfüllten Botschaftern gegen die Armut werden? Was sollten wir tun? Die Antwort fanden wir im „Muskathlon".

Extreme Herausforderung

Ein „Muskathlon" ist eine extreme Herausforderung an einem extremen Ort, mit dem du einen bedeutenden Beitrag im Kampf gegen Unrecht leisten kannst. Du nimmst an einem Ort – irgendwo auf der Welt, wo großes Unrecht herrscht – an einem Marathon oder Halbmarathon teil oder du entscheidest dich, 60 Kilometer zu wandern oder über 100 Kilometer mit dem Fahrrad zu fahren. Allerdings nicht einfach so. Im Vorfeld sammelst du mindestens 10.000 Euro an Spendengeldern für einen guten Zweck. Ein Jahr lang verlangt diese Aufgabe alles von dir: hartes Training, Entbehrungen, das Werben um die Gelder, die Suche nach Unterstützern und vieles mehr. Aber du bekommst somit auch eine besondere Chance, nämlich ein Jahr lang Gerechtigkeit in deinem Herzen gedeihen zu lassen, die sich mit deinem Lebens- bzw. Trainingsrhythmus verbindet.

Der erste „Muskathlon" fand 2012 in Ruanda, in dem Land der tausend Hügel, statt. 30 niederländische Männer hielten der Hitze stand, liefen gemeinsam einen Marathon und erbrachten somit insgesamt 300.000 Euro für Kinder in Armut. Und das war erst der Anfang. Zwei Jahre später haben 330 „Muskathleten" gemeinsam dreieinhalb Millionen Euro an Spendengeldern sammeln können für den Kampf gegen Ungerechtigkeit auf der Welt. Seitdem erleben wir Jahr für Jahr, wie der „Muskathlon" weltweit Wellen der Gerechtigkeit auslöst und verbreitet.

Und so ist es in kürzester Zeit dazu gekommen, dass wir uns beim Kampf gegen Armut engagieren, auf eine Art, die wir vorher nicht für möglich gehalten hätten.

Zahllose Trainingsrunden

Ich (Theo) habe mittlerweile mehrere „Muskathlons" hinter mir und jeder einzelne für sich hat auf vielerlei Art und Weise mein Leben verändert. Von zwei Aspekten möchte ich dir erzählen:

Noch nie zuvor hat mein Herz so viel Anteil genommen am Schicksal der Armen wie durch die Teilnahme am Muskathlon. Vorher war mir Armut zwar keineswegs gleichgültig, aber die stillschweigende, monatliche, technisch automatisierte Überweisung war für mich einfach nicht genug, dass dadurch mein Herz dauerhaft bewegt würde und weich bliebe. Jahrelang suchte ich nach einer Methode, um genau das erreichen zu können, bis zu dem Zeitpunkt, als ich mich auf meinen ersten „Muskathlon" vorbereitete. Da wusste ich: Genau das brauche ich. Jedes Mal, wenn ich mir meine Laufschuhe anzog, um wieder mal eine Trainingsrunde hinter mich zu bringen, wurde meine Motivation durch mein Ziel bestimmt, für das ich letztendlich lief: Kindern in Armut zu helfen. Es motivierte mich, an die Kinder zu denken, für sie zu beten und dabei mir immer wieder bewusst zu machen, wie reich ich gesegnet bin, um selbst auch ein reicher Segen für andere zu sein. Dieses physische wie mentale Training hat mir geholfen, bewusster zu leben und mich viel engagierter für das Schicksal notleidender Menschen einzusetzen.

Der zweite Aspekt liegt ein wenig tiefer verborgen und trifft auch auf Henk zu: Wir haben Gottes Herz für die Armen durch den „Muskathlon" noch besser kennengelernt. Denn wenn es einen Grund dafür gibt, warum wir uns um die Armen kümmern sollten, mit allem, was Gott an Gaben in uns hineingelegt hat, dann ist es der, dass Gottes Herz für die Armen offen ist und wir dazu aufgerufen sind, ihm immer ähnlicher zu werden. Am Ende dieses Kapitels wollen wir euch dies anhand verschiedener Bibeltexte einmal deutlich vor Augen führen, denn die Bibel weiß zum Thema Armut allerhand zu sagen.

Gott will keine Armut

Die Ausgangslage der Bibel, was den Kampf gegen Armut betrifft, ist also mehr als deutlich: Gott will keine Armut. Er will nicht, dass – laut Berechnung der absoluten Armut – 1,4 Milliarden Menschen auf dieser Erde von Tag zu Tag in extremer Armut leben und nur ein durchschnittliches Tageseinkommen von 1,25 US-Dollar zur Verfügung haben bzw. oftmals noch nicht einmal das. Er möchte nicht, dass eine Milliarde Menschen Hunger zu leiden hat. Gott möchte ebenso wenig, dass jedes Jahr 5,6 Millionen Kinder an Unterernährung sterben. Das sind elf Kinder pro Minute. *Gott will keine Armut.*

In seiner Abschiedsrede an der Grenze zum verheißenen Land erinnert Mose das Volk Israel an Gottes Willen für sein Leben. Allgemein gesagt geht es dabei darum: Gott von ganzem Herzen zu lieben, ihm zu vertrauen hinsichtlich allem, was man braucht, und ihm zu gehorchen, in dem, was er verlangt. Geschieht das, wird sich Gott mit seinem Segen für Wohlstand, Frieden und Fülle zu seinem Volk stellen. Und diesbezüglich ging Mose im Namen Gottes noch einmal genauer auf Armut ein und sagte:

Es sollte überhaupt kein Armer unter euch sein; denn der Herr wird dich segnen in dem Lande, das dir der Herr, dein Gott, zum Erbe geben wird. 5. Mose 15,4 (LÜ)

In einer anderen Übersetzung heißt es:

Eigentlich sollte es keine Armen unter euch geben, denn der Herr, euer Gott, wird euch in dem Land, das er euch als Erbe gibt, reich segnen.
5. Mose 15,4 (NL)

Hier steht es ganz deutlich: Gott will keine Armut.
Wie er das erreichen wollte? – Indem er uns Gebote gab. Einige Beispiele sind:

Die Abgabe des Zehnten
Bringt jedes Jahr den zehnten Teil eurer Getreide-, Weintrauben- und Olivenernte sowie eure erstgeborenen Kälber, Lämmer und Ziegenböckchen an den Ort, wo der Herr, euer Gott, wohnt(…).
5. Mose 14,22

Dieses Gebot war vor allem dafür bestimmt, die Leviten, die Fremden, die Witwen und die Waisen zu belehren.

Das Einhalten des Sabbatjahres
Am Ende jedes siebten Jahres sollt ihr einander eure Schulden erlassen.
5. Mose 15,1

Sechs Jahre lang sollt ihr eure Felder bewirtschaften und die Ernte einbringen. 2. Mose 23,10

Gott gönnte jedem Menschen regelmäßig jedes siebte Jahr einen Neuanfang: frei von Schuld. Und auch das Land bekam Ruhe.

Das Feiern des Jubeljahres
Das 50. Jahr soll für euch ein heiliges Jahr sein! Es ist ein Erlassjahr. Gebt dann allen Bewohnern des Landes, die sich hoch verschuldet haben und so zu Sklaven wurden, ihre Freiheit wieder. Jeder erhält seinen verpfändeten Grundbesitz zurück und kann zu seiner Sippe zurückkehren. 3.Mose 25,10

So konnte eine arme Familie ihre Schulden tilgen und weiter in Freiheit leben. Das Land lag brach; so konnte es bei einem zu intensiven Gebrauch nicht ausgeschöpft werden.

Ernteanweisungen
Wenn ihr die Getreideernte einbringt, sollt ihr eure Felder nicht ganz bis an den Rand abmähen und auch keine Nachlese halten. Überlasst die Reste den Armen und Fremden! Ich bin der Herr, euer Gott. 3.Mose 23,22

Anweisungen für Gelegenheiten
Wenn ihr an einem Weinberg vorbeikommt, dürft ihr dort so viel Trauben essen, wie ihr wollt, bis ihr satt seid. Ihr sollt aber nichts in ein Gefäß sammeln! 5.Mose 23,25

So wollte Gott mit seinen Gesetzen und Anordnungen erreichen, dass kein Mensch in Armut lebt und dass sein Charakter sichtbar wird, und zwar auf die Art und Weise, wie das Volk miteinander umgeht: offen, gebend, beschützend und fürsorglich.

Und weißt du, was daran so unmissverständlich deutlich und klar ist? Alle Anweisungen Gottes für das Geben des Zehnten und das Sorgen für die Armen sind eine Ausarbeitung des Sabbatgebots; dem Gebot von Gott, am siebten Tag mit der Arbeit zu stoppen und Ruhe zu halten. Mit anderen Worten: Gott möchte, dass wir unseren Besitz teilen und dass unsere Sorge um die Armen in dem ruht, was er uns bereits gegeben und für uns getan hat.

Aber es funktioniert nicht

An Gottes Idealbild, dass es keine Armen geben sollte, war allerding eine Bedingung gebunden. Moses sagt:

Aber dazu müsst ihr auf ihn hören und die Gebote genau beachten, die ich euch heute gebe. 5. Mose 15,5

Und schaffte es das Volk, sich daran zu halten? Nein. Israel fehlte es schlicht an Vertrauen. Die Leute fragten sich: „Stimmt das wirklich so, dass Gott uns alles bieten will? Wird er tatsächlich für uns sorgen, wenn wir nicht säen? Können wir auf unseren Zehnten wirklich verzichten? Wer sagt uns, dass wir bald nicht doch zu kurz kommen werden?" – Sie begannen zu rechnen. Und fingen an, ein Leben nach ihrem eigenen Gesetz zu führen, getreu dem Gedanken: Wenn ich nicht für mich selbst sorge, wer wird es dann tun? Und so ging Gottes Versorgungsplan schief, wodurch letzten Endes auch die Fremden, Armen und das Land zu kurz kamen. Irgendwie haben wir das bereits geahnt, oder? Sonst würde es das Wörtchen „eigentlich" ja nicht geben, das kurz zuvor verwendet wird:

Eigentlich sollte es keine Armen unter euch geben, denn der Herr, euer Gott, wird euch in dem Land, das er euch als Erbe gibt, reich segnen. 5.Mose 15,4 (NL)

Gottes Idealbild zerbrach ein Stück weit an der Realität. Moses sah das bereits kommen und ein paar Verse weiter hören wir ihn sagen:

Es wird immer Arme in eurem Land geben (…). 5.Mose 15,11

Allerdings belässt er es dabei nicht. Er spornt das Volk weiter an, diesen Zustand zu ändern:

(…) deshalb befehle ich euch: Helft den Menschen großzügig, die in Armut und Not geraten sind! 5. Mose 15,11

Aber auch diese Aufforderung brachte das Volk nicht in Bewegung. Insofern sehen wir hier bereits etwas von der Spannung, die im weiteren Verlauf des Alten Testaments nur noch größer wird: Gott will keine Armut, gleichzeitig aber existiert diese im enormen Ausmaß. Und: Gott möchte seinen gebenden, beschützenden und fürsorglichen Charakter im Verhalten seines Volkes widergespiegelt sehen, leider ist davon aber nicht viel zu sehen.

Die Propheten

Es sind die Propheten, die diese Spannung unentwegt zur Sprache bringen. Immer wieder aufs Neue sieht man, wie sie in der Geschichte des Volkes Israel auf Selbstsucht, Habsucht und Mangel Mitleid hinweisen. Häufig legt Gott durch seine Propheten den Finger direkt auf den wunden Punkt, zum Beispiel im Falle von Jesaja:

Nein, ein Fasten, das mir gefällt, sieht anders aus: Löst die Fesseln der Menschen, die ihr zu Unrecht gefangen haltet, befreit sie vom drückenden Joch der Sklaverei, und gebt ihnen ihre Freiheit wieder! Schafft jede Art von Unterdrückung ab! Jesaja 58,6

Oder durch Amos:

Setzt euch lieber für die Gerechtigkeit ein! Das Recht soll das Land durchströmen wie ein nie versiegender Fluss. Amos 5,24

Und Hesekiel:

Sie sahen hochmütig auf andere herab, sie lebten im Überfluss und in sorgloser Ruhe, ohne den Armen und Hilflosen zu helfen. Hesekiel 16,49

Spürst du Gottes Empörung? Das Volk hat alles andere wichtiger genommen als den eigentlichen Kern: sich um die Verletzten zu sorgen, um die Machtlosen und Armen. Ja, die Menschen singen, beten, spenden und fasten und sie kommen auch zusammen, aber … Gott kann damit nichts anfangen! Denn das Volk ist der Religion verfallen: Sie leben einen „äußerlichen Glaube" ohne Liebe.

Gott sehnt sich so sehr danach, durch sein Volk für die Armen zu sorgen, aber den Leuten fehlt es einfach am nötigen Mitleid und Erbarmen. Durch den Propheten Jeremia macht Gott daher deutlich, dass sie nichts begriffen haben von dem, was die Kenntnis über Gottes Charakter in ihrem Leben eigentlich bewirken müsste.

Sie sahen hochmütig auf andere herab, sie lebten im Überfluss und in sorgloser Ruhe, ohne den Armen und Hilflosen zu helfen. Jeremia 22,16

Aber Jeremia bzw. Gott sprach zu tauben Ohren. Die Sünden des Volkes formen eine unüberbrückbare Kluft, so scheint es zumindest. Und der Schrei von Jeremia erstirbt in einem Vakuum. Was nun? Wer soll für die Armen sorgen? Wer wird sich um ihr Schicksal kümmern? Und wer schafft es aufzuzeigen, wie die Kenntnis von Gottes Wesen und Charakter einem Leben Form und Inhalt gibt?

Den Willen Gottes tun

Jesus. Schlussendlich ist es Jesus. Jesus kam, um das zu tun, was wir nicht können:

Ich komme, um deinen Willen, mein Gott, zu erfüllen (…).
Hebräer 10,7

Gleich in seiner ersten Predigt erschallt von Jesus ein großes „Hier bin ich", mit dem er deutlich macht, warum er durch den Vater gesandt und wozu er mit dem Heiligen Geist gesalbt worden ist:

Der Geist des Herrn ruht auf mir, weil er mich berufen hat. Er hat mich gesandt, den Armen die frohe Botschaft zu bringen. Ich rufe Freiheit aus für die Gefangenen, den Blinden sage ich, dass sie sehen werden, und den Unterdrückten, dass sie bald von jeder Gewalt befreit sein sollen. Lukas 4,18

Erkennst du, dass die Sorge um die Armen einen zentralen Punkt der Berufung Jesu ausmacht? Jesus bricht die gewohnte, gleichgültige Haltung seiner Zeitgenossen hinsichtlich der Armen auf und sagt soviel wie: „Geliebte Arme, jahrhundertelang wurdet ihr übersehen, aber ich habe gute Nachrichten für euch: In Gottes Augen zählt ihr! Ihr steht bei ihm ganz vorne in der Reihe und im Mittelpunkt seines Interesses."

Jesus ist gekommen, um die Armen aus ihrem Elend zu befreien. Jesus war die gute Nachricht für die Armen. Das war er damals und das ist er bis heute. Und er wird es auch morgen sein. Nur, was ist seine Strategie, um die Armen zu befreien?

Jesus in uns

Gottes Strategie ist Jesus, genauer gesagt: Jesus in uns. Was bedeutet das? Jesus ist nicht nur die Gute Nachricht für die Armen, er ist auch die Gute Nachricht für uns. Als Jesus auf diese Erde kam, kam er nicht nur für die Armen, sondern um jedes Menschenherz von der

Macht der Sünde zu befreien, die Schuld daran ist, dass wir gefangen sind in unserer eigenen Welt und uns vor allem mit dem „ich" und „mein" beschäftigen. Jesus kam in erster Linie, um unser Herz mit seiner Liebe zu erobern, um unser Herz für Gott und unseren Nächsten zu wecken. Und natürlich kam er, um uns ein nagelneues Leben zu schenken: krafterfüllt, voller Glaube und mit dem Mut, für unsere Mitmenschen zusätzliche Meilen auf uns zu nehmen. Als Jesus zum Vater in den Himmel zurückkehrte, schüttete er seinen Heiligen Geist aus. Und von allen Plätzen, an denen der Heilige Geist hätte wohnen können, entschied Jesus sich dafür, ihm unser Herz als Wohnung zu schenken. Und das besondere Werk, das Gottes Geist seitdem in unserem Inneren tut, ist, dass er den Charakter von Jesus in uns ausgestalten will. Mit anderen Worten: So wie der Geist Jesus für seinen Dienst unter den Armen befähigte, so will Gottes Geist auch uns im Dienst für die Armen stärken.

Man könnte sogar sagen, dass Gottes Strategie, die Armen zu befreien, anhand von zwei Schritten erfolgt: Erst arbeitet er an uns und macht uns zu Menschen voller Liebe, Glaube und Barmherzigkeit. Und danach leitet er uns im Kampf gegen Armut.

Henk und ich finden das großartig: Gott entscheidet sich dafür, die Armen zu befreien, indem er mit seinen Kindern zusammenarbeitet, mit ganz gewöhnlichen Männern und Frauen, die in ihrem Glauben und Gehorsam Jesus nachfolgen wollen. So hat Gott es immer gewollt, denn das beinhaltet etwas sehr Wesentliches: Unser erster Antrieb ist dann nämlich nicht die Not der Armen, sondern Gottes Liebe für die Armen. Wenn wir in dieser Liebe fest sind, gibt uns das etwas Entspannung, womit es uns dann auch gelingen kann, den Kampf gegen Armut lange durchzuhalten.

Was hat dich in diesem Kapitel angesprochen?
Wie kannst du etwas zum Kampf gegen Armut beitragen?

SOLIDARITÄT MIT DEN VERFOLGTEN

KAPITEL 11

Neben unserem Einsatz für die Armen an der Seite von „Compassion" engagieren wir uns bezüglich des Auslebens der vierten „G-Kraft" (Gerechtigkeit) auch darauf, verfolgte Christen zu stärken. Dies tun wir in einer Partnerschaft mit der Menschenrechtsorganisation und dem Hilfswerk „Open Doors".

Vor allem im Mittleren Osten hat die Gemeinde Jesu Christi heutzutage heftige Schläge zu erleiden und muss vieles erdulden. Die Entwicklungen im Irak und in Syrien im Sommer 2014 haben uns da sehr berührt und beschäftigt. Am 18. Juli beispielsweise wurde der arabische Buchstabe „N" an die Häuser der Christen in Mossul, dem alten Ninive, geschmiert, um jeden Ort zu markieren, an dem Christen wohnen. Die islamistisch extremistische Terrorgruppe „IS – Islamischer Staat" stellte alle Christen vor die Wahl: Bekehr dich zum Islam, bezahl eine enorm hohe Geldbuße oder verschwinde für immer. Und das alles innerhalb von 24 Stunden, sonst wirst du getötet. Die Reaktion war dramatisch: Massenweise flohen Christen aus Mossul. Sie luden ihren Besitz in Autos und auf Pickup-Trucks und fuhren Hals über Kopf aus der Stadt hinaus. Soldaten der „IS" hielten sie an sogenannten Checkpoints an und zwangen sie, all ihren Besitz abzugeben. Autos wurden beschlagnahmt, Eheringe teils abgeschnitten und Kindern ihr Taschengeld entwendet. Mittellos und beraubt, ohne Essen und Trinken und auch ohne jeglichen Besitz, mussten sich die Flüchtlinge nun zu Fuß in Sicherheit bringen.

Ein guter Freund von uns, Gertjan, der bereits viele Jahre bei „Open Doors" arbeitet, erzählte uns, dass die Verfolgung der Christen, so wie sie heute im Irak und in Syrien stattfindet, noch nie zuvor so grausam, erbarmungslos und vernichtend war. Seit mehr als 1800 Jahren gab es in diesen Regionen die Gemeinde Jesu. Nun aber scheint sie regelrecht weggefegt zu werden: Es waren einmal 1,2 Millionen Christen, die im arabischen Irak lebten, nun aber sind davon nur noch ein paar Tausend übrig geblieben.
Nie zuvor war der Druck auf die Kirche so groß. Die Situation wird immer schlimmer. Weltweit gibt es Tausende von Männern, Frauen und Kindern, die einen enormen Preis für ihren Glauben an Jesus bezahlen. Henk und ich haben uns daher entschieden, dass wir uns für sie engagieren wollen. Denn ihr Leiden um des Glaubens willen, berührt uns.

In diesem Kapitel wollen wir drei Gründe aufzeigen, warum es aus unserer Sicht so wichtig ist, sich für die verfolgte Kirche einzusetzen. Ja, mehr noch, warum wir uns sogar aktiv daran beteiligen müssen, ihr zu helfen. Anschließend werden wir ein paar Aspekte nennen, die erklären, inwiefern wir durch die verfolgte Kirche einen besonderen Segen erleben dürfen und wie wir für sie ein Segen sein können.

Gott fordert, dass wir solidarisch sind

Ausgangspunkt und zugleich erster Grund für eine aktive Anteilnahme und Beteiligung an der verfolgten Kirche ist, dass die Bibel uns dazu aufruft, unseren verfolgten Glaubensgeschwistern Solidarität entgegenzubringen. Für Menschen, die in der Klemme sind, sollen wir eine besondere Fürsorge zeigen, und zwar im Namen Jesu. Im Hebräerbrief heißt es beispielsweise ganz generell:

Und vergesst nicht, Gutes zu tun und mit anderen zu teilen. An solchen Opfern hat Gott Freude. Hebräer 13,16

Wenn du also etwas tun willst, an dem Gott Wohlgefallen hat, dann zeige dich solidarisch mit deinen Glaubensgeschwistern, die in Not sind. Haltet die „Koinonia" (griechisch: die Gemeinschaft in der Teilhabe, wie sie sich unter Glaubensgeschwistern auch im Abendmahl zeigt) untereinander in Ehren, steht dort. Das bedeutet mit anderen Worten: Öffne dein Herz für deine Brüder und Schwestern in Not und gebe einen Teil deines Geldes und Besitzes ab, um ihnen zu helfen. Und auch später noch spornt uns der Schreiber des Hebräerbriefs an, unsere verfolgten Geschwister nicht aus den Augen zu verlieren, sondern ihnen beizustehen:

Kümmert euch um alle, die wegen ihres Glaubens gefangen sind. Sorgt für sie wie für euch selbst. Steht den Christen bei, die verhört und misshandelt werden. Leidet mit ihnen, als würden die Schläge euch treffen. Hebräer 13,3

Es gibt viele Möglichkeiten, sich persönlich oder als Gemeinde solidarisch mit den verfolgten Christen zu zeigen. Als Henk und ich davon hörten, wie heftig die Verfolgung im Norden des Iraks vonstattengeht, beschlossen wir, gemeinsam eine Predigt zu schreiben über die verfolgte Kirche, die wir beide am darauffolgenden Sonntag halten wollten. Wir fühlten uns freimütig, an diese Predigt auch einen Aufruf zum Gebet und zur Sammlung zu knüpfen. Die Reaktionen in beiden Gemeinden waren überwältigend: Mit der Einnahme durch die beiden Kollekten konnten viele Nothilfepakete an geflüchtete Familien in den Norden des Iraks geschickt werden, und wir sind davon überzeugt, dass auch die Gebete ihre Wirkung im Himmel wie in der Region nicht verfehlt haben. Tagelang erfuhren wir eine tiefe innere Dankbarkeit aufgrund der Tatsache, dass wir als Gemeinde etwas tun konnten, um unseren gläubigen Brüdern und Schwestern beistehen zu können und die Möglichkeit zu haben, hierdurch ihre leidvollen Umstände etwas zu lindern. Und das sollte erst der Anfang eines neuen Bewusstseins für die verfolgte Gemeinde Jesu Christi sein.

Dem Aufruf solidarisch zu sein, liegen zwei Wahrheiten zugrunde: *Wir sind eins miteinander und wir sind eins mit Jesus.* Und diese beiden Wahrheiten legen den Grundstein für den zweiten und dritten Grund, warum wir uns am Dienst für die verfolgte Kirche beteiligen sollten.

1. Wir sind eins miteinander

Den ersten Pfeiler der Solidarität mit anderen Christen, die um des Glaubens willen verfolgt werden, lässt sich so beschreiben: Was der verfolgten Kirche passiert, das passiert auch uns. Denn eigentlich kann man keinen Unterschied machen zwischen der „verfolgten" und der „nichtverfolgten" Kirche, da die Bibel deutlich macht, dass wir *eins* sind: Es gibt nur eine Gemeinde Jesu

Christi. Nirgends in der Bibel wird unterschieden. Es gibt kein „Die verfolgte Kirche und wir", sondern immer nur ein „Wir, die verfolgte Kirche". Paulus sagt das sehr deutlich im ersten Brief an die Gemeinde in Korinth:

Leidet ein Teil des Körpers, so leiden alle anderen mit, und wird ein Teil geehrt, freuen sich auch alle anderen. 1. Korinther 12,26

Was das bedeutet? Am 19. Juli 2014 wurde in Mossul ein Junge enthauptet, weil er Christ war und sich zu Jesus bekannte. Sein Schicksal, sein gewalttätiger Tod, traf nicht nur seine Eltern, Familie und die örtliche Gemeinde. Es traf auch uns, denn „leidet ein Teil des Körpers", leiden alle anderen Teile mit. Und als sich in Syrien zwei Kinder sechs Stunden lang unter den ermordeten Körpern ihrer Eltern versteckten, bis die Gefahr vorüber war, haben auch wir als Christen – in den Niederlanden, Deutschland, Schweiz, Österreich, Kanada, weltweit – mitgelitten.

Nun kann es sein, dass wir das nicht immer so direkt begreifen oder erleben, aber völlig losgelöst von unseren Erfahrungen bleibt es dennoch eine Wahrheit: Wir sind *eine* Gemeinde – „Wir, die verfolgte Kirche" – und gemeinsam formen wir den Leib Christi. Diese Tatsache ist grundlegend für die Aufforderung: Zeige dich solidarisch!

2. Wir sind eins mit Jesus

Doch es geht noch weiter, denn das Leiden trifft nicht nur uns, es trifft auch Jesus. Und das ist der zweite Pfeiler für Solidarität miteinander: Gemeinsam als Christen weltweit sind wir eins mit Jesus. Und was tut er? Jesus identifiziert sich aus dem Himmel heraus vollkommen mit dem Leiden seiner Nachfolger auf der Erde. Wir können das an mehreren Stellen in der Bibel erkennen. Zum Beispiel im Kolosserbrief, wo Paulus im Gefängnis bekennt:

Was ich auch immer für euch erleiden muss, nehme ich gern auf mich; ich freue mich sogar darüber. Das Maß der Leiden, die ich für Christus auf mich nehmen muss, ist noch nicht voll. Und ich leide für seinen Leib, für seine Gemeinde. Gott hat mir aufgetragen, seiner Gemeinde zu dienen und euch seine Botschaft ohne Abstriche zu verkünden. Kolosser 1,24–25

Dieser Bibeltext zählt sicher nicht zu den einfacheren, aber was wir aus ihm auf jeden Fall entnehmen können, ist: Das Leiden der Gemeinde von heute ist zugleich auch das Leiden von Christus. Um zunächst zu erklären, was das bedeutet, müssen wir einmal hervorheben, wie das Leiden Jesu am Kreuz von Golgatha zu verstehen ist. Es war nämlich vollkommen und einzigartig. So versöhnte Gott die Welt mit sich. Gleichzeitig lässt der Apostel Paulus uns aber im Kolosserbrief erkennen, dass Jesu Leiden dort nicht endete. Denn es existiert weiterhin in seinem Leib: der Gemeinde. Das können wir auch in der Apostelgeschichte nachlesen, und zwar an der Stelle, an der Jesus in das Leben von Saulus eingreift. Als Saulus auf dem Weg nach Damaskus ist, um Nachfolger von Jesus gefangen und mit nach Jerusalem zu nehmen, wird er plötzlich von einem Licht aus dem Himmel umgeben. Er fällt auf den Boden und hört eine Stimme sprechen:

„Saul, Saul, warum verfolgst du mich?"
„Wer bist du, Herr?", fragte Saulus.
„Ich bin Jesus, den du verfolgst!", antwortete die Stimme.
Apostelgeschichte 9,4–5

Jesus fragt hier nicht: Warum verfolgst du die Menschen, die mir nachfolgen? Nein, Jesus fragt: Warum verfolgst du *mich*? Denn

indem er die Gemeinde verfolgte, hat Saulus Jesus persönlich ange-
griffen. Und wieder einmal zeigt sich hier: Das Leid der Gemeinde
ist zugleich auch das Leid von Christus.

Dieses Wissen darum, bedeutet unseren verfolgten Glaubensgeschwistern unheimlich viel. Es führt sogar dazu, dass sie es als
ein Vorrecht ansehen, durch ihr Leiden Jesus ehren zu können.
Eine Botschaft, die man an vielen Orten, wo die Gemeinde Jesu
Christi verfolgt wird, unter Tränen zu hören bekommt: „Ich bin
froh, dass ich für Jesus leiden darf." Für manch einen, der nicht
glaubt, mag das eine sonderbare und nur schwer nachvollziehbare
Haltung sein. Diejenigen aber, die Jesus kennen und ihm nachfolgen, wissen, dass bereits die Männer in der ersten Gemeinde diese
Haltung in sich trugen, weil sie den Glauben an Christus für so
wichtig erachteten:

*Die Apostel aber verließen den Hohen Rat voller Freude darüber, dass
Gott sie dazu auserwählt hatte, für Jesus Verachtung und Schmerzen
zu ertragen.* Apostelgeschichte 5,41

Auch Paulus bekennt:

*Und selbst wenn ich sterben muss und mein Blut wie Opferblut
vergossen wird im Dienst für euren Glauben, so bin ich doch voller
Freude. Ja, ich freue mich mit euch allen.* Philipper 2,17

Kommen wir auf die Ausgangsfrage zurück: Warum sollen wir
uns für unsere verfolgten Glaubensgeschwister starkmachen und
uns für sie engagieren? Weil es drei gute Gründe gibt, die nahtlos
ineinander übergehen: Wir sind dazu aufgerufen, solidarisch zu
sein, wir sind eins miteinander und wir sind eins mit Jesus. Und
zudem können wir innerhalb dieser von Gott geschenkten Einheit
einander ein Segen sein.

Wie wir für verfolgte Christen ein Segen sein können

Worin haben unterdrückte Christen unsere Anteilnahme und Hilfe besonders nötig? Wir glauben, dass wir sie dabei unterstützen sollten, das Wachstum und die Frucht, die Jesus schenkt, zu empfangen. Weltweit kommen in der verfolgten Kirche viele Menschen zum Glauben. Und das zeichnet die Geschichte und den Charakter der verfolgten Kirche besonders aus: Sie kennt nicht nur Tränen, sondern erlebt oft auch Erweckung, da Jesus selbst aktiv daran wirkt, Menschen an diesen Orten zu berühren. Er stellt sich damit quer gegen die äußere Bedrängnis, weil er in die persönliche Freiheit eines Lebens mit ihm ruft.

Vor allem in der muslimischen Welt führt Jesus zahlreiche Menschen ins Licht. Das Problem ist allerdings, dass ohne gelebte Jüngerschaft und der Zugehörigkeit zu einer festen Glaubensgemeinschaft, Dreiviertel von ihnen wieder schnell in ihr altes Leben zurückfallen. Das ist wenig verwunderlich, denn sobald sie an Jesus glauben, beginnt für sie ja auch die Verfolgung und da braucht es einen festen Stand, um auf den noch jungen Glaubensbeinen zu bleiben.

Die Frage, die sich daher an uns richtet, ist: Wir können wir unseren Glaubensgeschwistern, die sich in Bedrängnis und Verfolgung für die befreiende Botschaft des Evangeliums von Jesus einsetzen, effektiv helfen?
Die Menschenrechtsorganisation „Open Doors" setzt sich dafür ein, unterdrückten Christen und der jungen, verwundbaren Kirche auf unterschiedlichste Weisen beizustehen. Unter anderem mit Begleitung, Training und Seelsorge, aber falls nötig auch mit Nahrung, Medizin und Hilfsmitteln. Darüber hinaus koordiniert „Open Doors" weltweite Gebetsbrücken zwischen den unterdrückten Christen und ihnen zugewandten Betern. Menschen in aller

Welt beten täglich und oft sehr konkret für die Nöte, Sorgen und Belange der verfolgten Geschwister. Wir sehen es als ein Vorrecht an, über die Partnerschaft, die wir unter anderem mit der Bewegung „Der 4te Musketier" haben, ein Segen für die verfolgte Kirche sein zu können, indem wir die Arbeit von „Open Doors" unter anderem durch unsere „Muskathlons" regelmäßig unterstützen.

Das ist die eine Seite der Medaille. Aber man kann und darf auch sagen, dass auch wir die verfolgten Brüder und Schwestern brauchen. Das mag ungewöhnlich klingen, schließlich sind sie die Notleidenden, aber wir wollen uns nun im Folgenden auf zwei besondere Arten konzentrieren, die aufzeigen, wie die verfolgte Kirche uns Segen zukommen lässt.

Verfolgte Christen segnen uns mit ihrer Sorge
Vielleicht klingt das etwas seltsam, aber es ist wirklich so: Unterdrückte Christen machen sich mehr Sorgen um unsere geistliche Gesundheit, als wir es tun.
Ein Beispiel, wie das zu verstehen ist: Wir wissen von einer Familie im Iran, die die Chance hatte, nach Australien auszuwandern. Plötzlich aber beschloss sie, doch nicht ihr Land zu verlassen. Weißt du, welchen Grund der Mann dafür nannte? „Ich kann es meiner Familie nicht antun, in ein so reiches und freies Land zu gehen, denn ich habe viel zu große Angst, dass wir uns dann von Gott entfernen."

Die Bibel sagt, dass Jesus nachzufolgen uns alles kostet. Das Verrückte ist, dass wir das hier im freien Westen oft gar nicht so drastisch spüren. Stimmt also etwas nicht mit der Art und Weise, auf der wir in aller Freiheit eine Gemeinde sind? Jedenfalls deutet die Bibel an, dass wir diesbezüglich sind nicht unbedingt der „Normalfall" sind, sondern eine Ausnahme:

Und alle, die fromm leben wollen in Christus Jesus, müssen Verfolgung leiden. 2. Timotheus 3,12 (LÜ)

In einer anderen Übersetzung heißt es:

Doch vergiss nicht: Jeder, der an Jesus Christus glaubt und so leben will, wie es Gott gefällt, muss mit Verfolgung rechnen.
2. Timotheus 3,12

Von Verfolgung so wie sie sich in den Ländern, in denen „Open Doors" tätig ist, zeigt, ist bei uns auf keinen Fall die Rede. Und das bereitet einigen der verfolgten Christen Sorge. Denn sie fragen sich, ob sie dann vielleicht nicht mehr glauben sollen. Einer unserer Freunde bei „Open Doors", Gertjan, hat selbst erlebt, wie ihn ein iranischer Pastor packte, schüttelte und ihm ins Gesicht sagte: „Wie kommt es bloß, dass ihr keine Verfolgung kennt?" Dieser Pastor war aufrichtig besorgt um unser geistliches Wohl. Machen wir etwas falsch? Sind wir nicht radikal genug? Oder sind wir nicht profiliert genug, sodass wir den Gegnern einfach zu wenig Angriffsfläche bieten, um uns das Leben zur Qual zu machen?

Dominee Samuel Lam aus China erzählte Gertjan einmal seine Lebensgeschichte. Er verbrachte insgesamt 23 Jahre als Sklave in einer Mine und in Gefängnissen, weil er es nicht lassen konnte, das Evangelium zu verkünden. Zwischenzeitlich wurde er mehrmals freigelassen, begann dann aber sofort wieder, über Jesus zu reden. Deswegen wurde er immer wieder erneut gefangen genommen, woraufhin jedes Mal harte Jahre in Arbeitslagern folgten. Das Ganze wurde zu einem Muster seines Lebens: Abwechselnd verkündigte er das Evangelium oder er saß im Gefängnis. Doch seine Hausgemeinde im Untergrund wuchs in der Zwischenzeit immer weiter, bis sie circa 3000 Mitglieder hatte und nicht mehr im Untergrund bleiben konnte. Letztendlich kam Dominee Samuel Lam aufgrund all des Leidens zu dem Entschluss: Verfolgung ist gut für die Kirche.

Was ist dann mit uns? Gibt es Hoffnung für die Kirche im Westen? Wir kennen solch eine Art von Verfolgung nicht, oder? Als Gertjan diese Frage an Samuel stellte, war dessen Antwort: „Satan versucht stets Christen von einem Leben abzuhalten, das nach Gottes Willen geführt wird. Um genau das zu erreichen, hat er zwei Möglichkeiten: Entweder benutzt er Verfolgung in Form von Gewalt, Gefangenschaft und Folter oder er benutzt Freiheit und einen Mangel an großen Problemen sowie die Vorliebe für Komfort. Und nun darfst du dir selbst aussuchen, welches die effektivste Strategie ist, um dich von Christus wegzuhalten."

Von diesem Blickwinkel aus, ist unsere Solidarität mit der verfolgten Kirche für uns eine Notwendigkeit, denn sie ist auch in unserem eigenen Interesse, da sie uns erdet. Wir brauchen sie total – den Segen ihrer Sorge, denn er lässt uns erkennen, dass wir eine große Ausnahme sind, inmitten eines „Normalfalles". Ihr Beispiel aber hilft uns, dass wir nicht nachlässig werden, sondern alarmiert und wachsam bleiben.

Doch vergiss nicht: Jeder, der an Jesus Christus glaubt und so leben will, wie es Gott gefällt, muss mit Verfolgung rechnen.
2. Timotheus 3,12

Verfolgte Christen segnen uns mit ihrem Beispiel
Insofern ist die verfolgte Kirche nicht nur verletzlich, sondern zugleich auch ein erstaunliches Beispiel für Mut, Kraft, Hoffnung und Liebe. Darum ist es sehr wichtig, dass wir sie nicht nur als

Opfer von Verfolgung, sondern auch als Glaubenshelden inmitten ihrer Umstände wahrnehmen.

Henk und ich können nicht Hebräer 11 lesen, ohne tief beeindruckt zu sein von dem Glaubensmut, der Ausdauer und der Hoffnung der dort genannten biblischen Glaubenshelden. Was mussten sie alles erleiden:

(...) andere, die auch Gott vertrauten, wurden gequält und zu Tode gefoltert. Sie verzichteten lieber auf ihre Freiheit, als ihren Glauben zu verraten. Die Hoffnung auf ihre Auferstehung gab ihnen Kraft. Wieder andere wurden verhöhnt und misshandelt, weil sie an Gott festhielten. Man legte sie in Ketten und warf sie ins Gefängnis.
Hebräer 11,35–36

Zahlreiche Christen heutzutage machen ähnliche Erfahrungen. Und auch sie hielten mit dem gleichen Glaubensmut den Anfeindungen stand. Ihr Vorbild ist für uns Segen und Beispiel zugleich. Womit sie uns herausfordern? Hier ein paar Beispiele:

Liebe deine Feinde
Ein Pastorenehepaar im Iran überstand jahrelange Diskriminierung und Demütigungen. Als aber Lehrer begannen, ihre Kinder in der Schule zu hänseln, kamen sie an das Ende ihrer Kräfte. Während eines Gebetstreffens sagte allerdings die Mutter: „Diese Lehrer können nichts dafür, denn wir haben ihnen ja das Evangelium noch nicht verkündet."

Sei wirklich frei
Zwei nordkoreanische Flüchtlinge, die nach China gekommen waren, beschlossen in ihr Land zurückzukehren. Als sie gefragt wurden: „Begreift ihr eigentlich, dass die Chance, das ihr sterben werdet bei nahezu hundert Prozent liegt?", antworteten sie:

„Ja, aber wir können nicht mehr sterben, denn wir haben unser Leben bereits gegeben, als wir mit Christus gekreuzigt wurden. In ihm haben wir ein neues Leben bekommen und das kann uns niemand mehr nehmen."

Singe in der Nacht
In der Apostelgeschichte lesen wir:

Gegen Mitternacht beteten Paulus und Silas. Sie lobten Gott laut, und die übrigen Gefangenen hörten ihnen zu. Apostelgeschichte 16,25

Ähnliches praktizieren viele verfolgte Christen in ihren Hausgemeinden. Insofern lehrt uns die verfolgte Kirche, wie sich Anbetung gestalten lässt.

Bleib Zeuge
Als das „Sanhedrin" (der jüdische Gerichtshof) es Petrus und Johannes verbat, weiter über Jesus zu sprechen, war ihre Reaktion:

Wir können unmöglich verschweigen, was wir gesehen und gehört haben! Apostelgeschichte 4,20

Nirgendwo anders klingt das Zeugnis von Jesus stärker als in der verfolgten Kirche. Es soll uns anspornen, die Hoffnung, die in uns ist, freimütiger und stärker in unserem Umfeld zu bezeugen.

Traurig aber wahr: Angesichts der zunehmenden Not unserer unterdrückten und verfolgten Brüder und Schwestern steigt für uns die Möglichkeit, solidarisch und effektiv an ihrer Seite zu stehen.

Auf welche Art kannst du für die verfolgte Kirche ein Segen sein? Und womit fordert sie dich heraus?

HOFFNUNG FÜR DIE SKLAVEN

KAPITEL 12

Vom Sommer 2003 an haben meine Frau Harmke und ich (Theo) für eine Zeit von anderthalb Jahren in Thessaloniki (Griechenland) gelebt. Wir arbeiteten dort für „Athletes in Action" an einem Sport- und Missionsprojekt, das sich an die Olympischen Sommerspiele, die 2004 in Athen stattfanden, anschloss. In unserer Funktion als Projektleiter reisten wir zunächst durch das ganze Land, sprachen mit Dutzenden Pastoren und Kirchenleitern und waren schnell inmitten eines guten „christlichen Netzwerkes" involviert. Auch an unserem Ausgangspunkt in Thessaloniki kannten wir alle Kirchen und beteiligten uns am Gemeindeleben einer örtlichen Kirche. Was uns dort sehr ansprach, war das Herz, das diese Gemeinde besaß für bedürftige Menschen, die weniger Glück hatten und sich in ihrem Leben irgendwo festgefahren hatten. Nach dem Olympischen Sommer zogen wir dann wieder zurück in die Niederlande. Insgesamt war unsere Zeit in Griechenland eine sehr bewegende. Wir hatten das Gefühl, als ob wir mindestens fünf Jahre dort verbracht hätten. Und wir schlossen für uns das Kapitel „Thessaloniki" zufrieden und dankbar mit einem Lächeln ab – zumindest dachten wir das.

Wieder zurück

Im April 2014 flog ich (Theo) jedoch wieder zurück nach Griechenland. Nur dieses Mal wusste ich Jan Stoorvogel, Henks Bruder, an meiner Seite. Für uns ging es geradewegs nach Thessaloniki, wo wir beide mit Phil Hyldgaard, dem Leiter der Kampagne von „A21", für ein Treffen verabredet waren. „A21" setzt sich für die Abschaffung von Sklaverei und Menschenhandel im 21. Jahrhundert ein. Wir trafen uns für drei Tage, um miteinander über eine Kooperation mit „Der 4te Musketier" zu sprechen.

Bereits am ersten Abend nahm Phil uns mit in das Rotlichtviertel von Thessaloniki. Und während wir an den Bordellen vorbeifuhren, erzählte er uns, was in der Stadt so alles vor sich ging in puncto Menschenhandel und Sklaverei. Anscheinend war Thessaloniki sowohl „Zielort" als auch ein wichtiger „Transithafen", um Sexsklavinnen aus Osteuropa, Afrika und zahlreichen anderen Ländern in den Schengen-Raum hineinzuschleppen. Ich konnte kaum fassen, was ich da von Phil hörte. Nie zuvor hatte ich während meiner Projektzeit in Thessaloniki davon gehört, obwohl ich alle Kirchen und Pastoren persönlich kannte.

Aber die Nachricht darüber löste zwei Dinge in mir aus: Zum einen erkannte ich, in welch einem finsteren und unsichtbaren Kreis sich Menschenhandel und Sklaverei abspielen, was deutlich eine Charakteristik des Bösen ist:

Wer Böses tut, scheut das Licht und bleibt lieber im Dunkeln, damit niemand seine Taten sehen kann. Johannes 3,20

Und dann realisierte ich, wie wenig ich über das Bescheid wusste, was in Groningen, der Stadt, in der ich wohne, diesbezüglich passiert. Und so kam es, dass mir Phil mehr über Menschenhandel und Sexsklaverei in Groningen erzählen konnte als ich, der dort selbst wohnt und Pastor einer großen, wachsenden Gemeinde ist. Einer Gemeinde, die zudem sich danach ausstreckt, anderen Menschen zu helfen, die befreiende Botschaft von Jesus sichtbar werden zu lassen.

Warum ich das erzähle? Weil ich denke, dass meine Erkenntnis nicht nur für mich gilt, sondern für viele von uns. Armut und Christenverfolgung sind zwei Zustände, die sichtbar und spürbar sind. Aber Menschenhandel und Sklaverei finden im Verborgenen statt. Was weißt du eigentlich darüber? In deiner Stadt? Und wie können wir gemeinsam etwas dagegen tun?

Es ist schlimmer, als du denkst

Phil klärte Jan und mich über die erschreckenden Tatsachen auf. Es ist kaum vorstellbar, aber heutzutage gibt es mehr Opfer von Sklaverei als je zuvor in der Weltgeschichte. Wir erschraken bei den Zahlen: 27 Millionen Menschen sind Opfer von Ausbeutung durch Zwangsarbeit, Prostitution oder durch beides. 80 Prozent davon sind Frauen und Kinder. Jedes Jahr verschleppen Kriminelle circa 800.000 Menschen über internationale Grenzen: alle 47 Sekunden eine Person. Außerdem scheint Menschenhandel eins der Verbrechen zu sein, das sich am schnellsten verbreitet und am besten organisiert ist und weltweit gesehen mittlerweile sogar größer ist als der Drogenhandel. Denn hierdurch wird viel Geld gemacht: satte 32 Milliarden Dollar, so die Schätzungen der Experten. Gleichzeitig ist das Risiko, erwischt und dingfest gemacht zu werden, sehr niedrig: Von allen Tätern werden gerade mal ein Prozent bestraft. Das macht Menschenhandel attraktiv und zu einem „perfekten Verbrechen".

Für die Opfer ist die Sklaverei das Schlimmste, was einem Menschen passieren kann, meist sogar noch schlimmer als der Tod. Es fühlt sich seltsam an, so darüber nachzudenken, aber ein Mordopfer leidet einmal. Ein Sklave bzw. eine Sklavin allerdings wird jeden Morgen wach und die Situation bleibt aussichtslos. Die Chance, die eigene Freiheit zurückzubekommen ist gleich Null. Gerade mal ein Prozent der Opfer werden gerettet. Und so sterben viele Sklaven im unsichtbaren Kreis der Finsternis krimineller Machenschaften. Oder sie versuchen zu überleben, indem sie ihr Schicksal als eine Art Aufgabe annehmen, aber sich emotional von sich selbst lösen. Ein Opfer, das gerettet werden konnte, erzählte „A21“: „Ich bin zu einer Person ohne Herz, Willen und Gefühl geworden. Ich musste vergessen, wer ich war, um das tun zu können, wozu ich gezwungen wurde.“

Opfer: Niemand steht mir bei

Eine Frau kann auf verschiedenste Arten in die Fänge des Menschenhandels geraten. Meist trifft es Frauen, die vom Typ her eher verletzbar sind oder empfänglich für falsche Versprechen bezüglich Arbeit und einer besseren Zukunft. Oft sind daher Lügen, Betrügereien und Gewalt mit im Spiel. Mit den versprochenen Aussichten auf einen besser bezahlten Job und eine glücklichere Zukunft reisen die Frauen dann selbst, zum Beispiel aus Bulgarien oder Rumänien, nach Griechenland. Dort angekommen, irgendwo bei einer Kontaktperson, werden ihnen ihr Reisepass und ihr Handy abgenommen und sie erfahren, dass sie von nun an als Prostituierte arbeiten müssen. Wer nicht mitmacht, wird misshandelt. Kurz darauf werden sie irgendwohin in die Sex- und Prostitutionsindustrie verkauft, um dort Dutzende Männer pro Tag zu befriedigen. Den Rest der Zeit werden sie in irgendwelchen Unterkünften weggesperrt. Ihre Einsamkeit und Scham muss unerträglich sein.

Es gibt niemanden, der weiß, wo sie sich aufhalten oder der nach ihnen sucht. Sie wissen oft selbst nicht, wo sie sich aufhalten oder wo sie hin sollten. Außerdem werden sie immer wieder bedroht, dass man sie misshandelt oder gar tötet.

Bereits im Buch Prediger finden wir Worte, die das tragische Schicksal der Opfer zum Ausdruck bringen:

Wieder betrachtete ich das Unrecht, das auf der Welt herrscht. Ich sah die Tränen der Unterdrückten, denen niemand beistand. Sie waren der Gewalt der Unterdrücker ausgeliefert, und niemand war da, der ihnen Mut machte. Prediger 4,1 (NL)

Das ist ihr Schicksal: Es gibt niemanden, der ihnen *beisteht.* Zwei Mal betont es sogar die Bibel: Es gibt *niemanden,* der ihnen beisteht. *Niemanden,* der ihre Tränen trocknet. So zeigt sich heute das Bild der meisten modernen Sklaven.
Und die Täter? Wer sind sie?

Täter: Fänger von wehrlosen Menschen

Henk und ich finden es sehr passend, wie der Psalm 10 über die Unterdrücker spricht:

Hochnäsig behaupten sie: „Gott? Den gibt es doch gar nicht! Was soll er uns denn heimzahlen?" – Was für ein Trugschluss! Noch geht ihnen alles nach Wunsch. Dass du sie verurteilen wirst, lässt sie kalt. Sie verhöhnen alle, die sich ihnen in den Weg stellen, und spotten: „Euer Gott ist ja so weit weg! Uns haut nichts um! Das hat noch keiner geschafft, und daran wird sich auch nichts ändern!" Sobald sie den Mund aufmachen, fluchen, lügen und erpressen sie. Wie viel Unglück richten sie an! In der Nähe einsamer Dörfer liegen sie im Hinterhalt und lauern ihren hilflosen Opfern auf. Im Versteck bringen sie die Unschuldigen um. Wie Löwen im Dickicht liegen sie auf der Lauer, um wehrlose Menschen zu überfallen. Sie stürzen sich auf ihre Opfer und schlagen sie brutal zusammen. Psalm 10,4–10

Diese Beschreibung entspricht genau dem, was die Drahtzieher des Menschenhandels tun: Ausschau halten nach wehrlosen Menschen, lügen, betrügen und diese im Netz der Sexindustrie gefangen halten.

Wir sehen hier das wahre Gesicht von Unrecht: Täter missbrauchen ihre Macht, um wehrlosen Menschen ihrer kostbarsten Dinge zu berauben: ihrer Würde und Freiheit. Sie stehlen auch das Glück, das sie erfahren, wenn einem „Lohn" für Einsatz, Arbeit und Worte widerfährt. Kurz gesagt: Sie rauben ihren Opfern jeglichen Ansporn, sich zu bemühen, etwas Schönes aus dem eigenen Leben zu machen.

Gott ist sehr wohl da

Fällt dir auch auf, wie drastisch die Bibel beschreibt, mit welcher Überzeugung die Täter das Unrecht verüben?

Uns haut nichts um! Das hat noch keiner geschafft, und daran wird sich auch nichts ändern! Psalm 10,6

Und sie scheinen recht zu haben, denn ein Blick auf die Statistik zeigt, gerade mal ein Prozent aller Täter wird bestraft. Außerdem gehen sie davon aus:

„Gott? Den gibt es doch gar nicht! Was soll er uns denn heimzahlen?" – Was für ein Trugschluss! Psalm 10,4

Sie haben mit dieser Ansicht unrecht, denn Gott ist sehr wohl da, und er ist ein Gott der Gerechtigkeit. So beschreibt ihn beispielsweise auch der Prophet Jesaja:

(…) denn der Herr ist ein Gott des Rechts. Wohl allen, die auf ihn harren! Jesaja 30,18 (LÜ)

Und David sagt:

Denn der Herr ist gerecht und hat Gerechtigkeit lieb. Die Frommen werden schauen sein Angesicht. Psalm 11,7 (LÜ)

Der Herr schafft Gerechtigkeit und Recht allen, die Unrecht leiden. Psalm 103,6 (LÜ)

So haben Jesaja und David Gott kennengelernt: Als einen Gott der Gerechtigkeit, der sehr wohl Recht verschafft und zur Rechenschaft zieht. Und für uns sollte es sehr wichtig sein, Gott so zu kennen, wie David und Jesaja ihn kannten: als den Gott, der Gerechtigkeit liebt. Er will Recht schaffen und Sklaven befreien. Und er ist fähig und mächtig, dies zu tun.

Warum das so wichtig ist? Zahlen und Statistiken können überwältigend wirken. Auch auf dich. Das Unrecht wirkt in dieser Art ungemein groß. Und so könnte jeder leicht anfangen zu denken – auch du: „Was können wir denn schon dagegen ausrichten?"

Genau deswegen ist der Glaube an einen Gott, der Gerechtigkeit liebt, so immens wichtig. Denn du hast, wenn du dich für Gerechtigkeit aktiv einsetzen willst, diesen Glauben nötig, dass Gott an deiner Seite ist. Es ist sein Kampf und er will ihn gemeinsam mit dir kämpfen. Und wenn du darum weißt, brauchst du nicht erschrocken zu reagieren, wenn Gott dich fragt, ihm dabei zu helfen.

Rechne schon mal damit, dass er bei dir anklopfen wird. In der Bibel wird es immer wieder deutlich, wie er diese Herausforderung an uns heranträgt, beispielsweise indem er durch Jesaja die Worte spricht:

Lernt wieder, Gutes zu tun! Sorgt für Recht und Gerechtigkeit, tretet den Gewalttätern entgegen, und schafft den Waisen und Witwen Recht! Jesaja 1,17

Und auch im Buch der Sprüche wird deutlich:

Du aber tritt für die Leute ein, die sich selbst nicht verteidigen können! Schütze das Recht der Hilflosen! Sprüche 31,8

Hat Gott jetzt deine Aufmerksamkeit?

Vom Hirten zum Befreier

In Folgenden möchten wir dir fünf Handlungsschritte mit auf den Weg geben, mit denen du konkret zu Gerechtigkeit beitragen kannst. Entdecke mit ihnen, wie du nach Recht suchen, wie du für Wehrlose eintreten und wie du das Recht der Erniedrigten schützen und wiederherstellen kannst. Wir haben diese Handlungsschritte aus der Geschichte einer der größten Rettungsoperationen, die jemals durchgeführt wurden, abgeleitet: der Befreiung Hunderttausender hebräischer Sklaven aus Ägypten unter der Führung Gottes und des Menschen Moses. An dieser Geschichte wird deutlich, wie Gott Moses Aufmerksamkeit Schritt für Schritt gewann, um in seinem Namen als Befreier der Sklaven aufzutreten. Wir hoffen, dass diese exemplarischen Handlungsschritte dich berühren und sich in deinem Herzen verankern werden, da wir gemeinsam miterleben wollen, wie Gottes Macht sichtbar wird, wenn Sklaven unserer Generation befreit werden:

1. Sei aufmerksam

Das Erste, das wir benötigen, ist ein aufmerksames Herz. Für uns ist es so einfach, durch den Alltagstrott und andauernden Stress völlig abzustumpfen im Hinblick auf die eigene Umwelt und das Flüstern des Heiligen Geistes. Doch es ist wichtig, das Gespür zu behalten, wenn Gott anfängt, mit uns zu reden. So wie bei Mose, als er eines Tages etwas Sonderbares sah:

Dort erschien ihm der Engel des Herrn in einer Flamme, die aus einem Dornbusch schlug. Als Mose genauer hinsah, bemerkte er, dass der Busch zwar in Flammen stand, aber nicht niederbrannte. „Merkwürdig", dachte Mose, „warum verbrennt der Busch nicht? Das muss ich mir aus der Nähe ansehen." 2. Mose 3,2–3

Gott erschien ihm durch das Feuer in einem Dornbusch. Und Mose schenkt diesem Phänomen seine ganze Aufmerksamkeit. Nicht weil er einen brennenden Dornbusch sah, denn das war völlig normal für die Hitze in der Wüste Sinai, sondern weil der kleine Busch nicht zu Asche zerfiel. Mose erkannte das Heilige in diesem Moment und Gott konnte so zu ihm sprechen.

Wie ist es bei dir? Bist du aufmerksam für das Reden Gottes, wenn es um Recht und Gerechtigkeit geht? Hast du den Eindruck, dass Gott dir bestimmte Dinge zeigen möchte? Vielleicht dient dir dieses Kapitel als brennender Dornbusch. Vielleicht möchte Gott dir etwas Neues damit sagen im Kampf gegen die Ungerechtigkeit. Oder vielleicht möchte er dich anstupsen und hat dir bereits eine besondere Rolle zugedacht im Kampf gegen Sklaverei, Armut oder Verfolgung. Darf er deine tägliche Routine für einen kurzen Moment unterbrechen? Mose jedenfalls ließ seine Schafe für einen Moment einfach mal Schafe sein und trat näher an den Dornbusch heran. Sein Verhalten war keineswegs unverantwortlich, denn irgendetwas sagte ihm, dass die Nähe beim Dornbusch Qualitätszeit ist. Und zeugt es nicht von Verantwortungsbewusstsein, wenn wir einmal unseren

Kalender, unsere Ziele, Termine und Deadlines – ja, all unsere Dinge im Leben – einfach kurz mal beiseitelegen, wenn Gott mit uns reden möchte? Weil *er* es ist, der um unsere Aufmerksamkeit bittet?

2. Sei gewiss, dass es Gottes Kampf ist

Das Zweite, das wir benötigen, ist die tiefe Erkenntnis, dass wir an Gottes Seite kämpfen dürfen. Das führt dazu, dass wir der Ungerechtigkeit auch wirklich in die Augen blicken können, ohne dass sie uns überwältigt.

Mose tritt näher an den Dornenbusch heran und bedeckt sein Gesicht, denn er darf Gott nicht anschauen. Die Glut von Gottes Heiligkeit und die Intensität von Gottes Nähe ist überwältigend. Und dann beginnt Gott zu sprechen. Drei Sätze mit der Kraft eines Orkans. Sie flimmern voller Leidenschaft, weil in ihnen viel davon steckt, wie berührt er ist, über die Unterdrückung seines Volkes. Sätze mit einem himmlischen Refrain, mit dem Gott zeigt, wie persönlich er die Befreiung der Sklaven nimmt:

- Ich habe euer Elend gesehen.
- Ich habe euer Klagen gehört.
- Ich weiß, wie sie leiden.
- Ich bin gekommen, um zu befreien.
- Ich habe die Schmerzen durch mich hindurch dringen lassen.
- Ich habe die Grausamkeit der Unterdrücker gesehen.

Sechsmal „ich" lässt die Wahrheit erkennen, wie sich Gott selbst dem Kampf für Gerechtigkeit als seinem Kampf stellt. Und wir sehen, wie Gott auf das reagiert, was er gehört hat – das Klagen der Unterdrückten –, und das, was er gesehen hat – die Grausamkeit der Unterdrücker. Und nun ist Gott gekommen, um etwas zu unternehmen.

3. Sei bereit, zu gehen

Die Entwicklung ist überraschend: Gott hat gehört und gesehen und er ist gekommen um einzugreifen. Darum sagt er zu Mose:

(…) geh nach Ägypten, Mose! Ich sende dich zum Pharao, denn du sollst mein Volk Israel aus Ägypten herausführen! 2. Mose 3,10

Mose findet diesen Auftrag sehr schwierig. Muss wirklich ich die Sklaven aus Ägypten befreien? Wer bin ich denn, dass ich so etwas schaffen könnte? Was habe ich denn vorzuweisen?

Wir können Mose sicher gut verstehen. Was können wir nur unternehmen gegen das am schnellsten sich ausbreitende und am besten organisierte Verbrechen der Welt? Dieser Auftrag scheint nahezu unmöglich. Doch die Tatsache, dass Gott aus einem Dornbusch heraus spricht, empfinde ich (Theo) an dieser Stelle als sehr passend. Denn warum erscheint Gott Mose ausgerechnet in dieser Form? In einem Strauch? Laut einem jüdischen Rabbi war dies kein Zufall:

So wie dieser brennende Busch ein widerspenstiges Gewächs ist, das wohl zu den Bäumen gehört, die am wenigsten nachgeben – kein Vogel, der in ihn hineinfliegt, kommt wieder ungeschoren aus ihm heraus; seine Flügel werden an manchen Stellen eingerissen sein –, so war auch die Sklaverei in Ägypten die schwerste Form der Sklaverei auf der ganzen Welt. Abgesehen von Hagar hat kein Sklave Ägypten jemals als freier Mensch verlassen.
Woestijn en openbaring van G. C. den Hertog, 1996

Mose findet Gottes Auftrag sehr schwierig und hadert. Letztendlich aber zieht er doch los. Und das finde ich so toll an ihm, weil es etwas deutlich macht, wie es auch bei uns vonstattengehen darf: Es ist nicht schlimm, wenn du mit dem, was Gott von dir verlangt, eine Zeit lang haderst, sofern du letztendlich an den Punkt kommst, wo du sagst: „Ja, ich werde gehen."

4. Gib, was du hast

Moses sagt nicht deutlich, was er zu bieten hat. Daher fragt Gott nach:

Was hast du da in der Hand? 2. Mose 4,2

Und während Mose selber seinen Stab erspäht, macht Gott ihm klar, dass er nicht danach schauen soll, was er nicht hat, sondern dass er auf das vertrauen soll, was Gott aus dem machen kann, was er hat. Daraufhin lässt Mose seinen Stab los und überreicht ihn Gott. Und in der Tat scheint Gott in der Lage zu sein, aus einem gewöhnlichen Stab Außergewöhnliches entstehen zu lassen. Moses Stab wird im weiteren Verlauf der Geschichte Schlangen verschlingen, einen Weg durch das Meer bahnen, Wasser aus einem Felsen hervorbrechen lassen, zum Sieg über Amalek führen und eine gigantische Volksmenge durch die Wüste in das versprochene Land führen.

Moses besaß einen Stab. Und du? Was hältst du in Händen? Was hat Gott dir anvertraut, das du im Kampf gegen die Sklaverei verwenden kannst? Deinen Betrieb? Dein Umfeld? Deine kommunikativen Fähigkeiten? Zeit? Dein strategisches Denkvermögen? Finanzielle Mittel? Welche Plattform hast du bekommen, dort wo du wohnst, arbeitest, studierst, um Menschen zu involvieren für die gute Sache? Wie schenkst du der Stimme Gottes aus dem brennenden Dornbusch dein Gehör? Wird es so wie bei Mose eine bedeutende Wende geben? Übrigens: Es ist nie zu spät und du bist nie zu alt! Mose war 80 Jahre alt, als er mit dem schönsten und besten Kapitel seines Lebens begann.

5. Vertrau auf Gottes Macht

Mose vertraute Gott und ging. Und was durfte er alles sehen von Gottes Macht: die Macht der zehn Plagen, Gottes Wirken im Auszug aus Ägypten und später bei der Wanderung durch die Wüste. Folglich konnte er ein Lied davon singen:

Herr, deine Hand tut große Wunder, ja, deine gewaltige Hand zerschmettert den Feind! 2. Mose 15,6

Willst du Gottes Macht sehen und erleben, wie die Dinge sich ändern? Wie Unrecht Einhalt geboten wird? Wie Sklaven befreit werden? Dann …

sei aufmerksam,
sei gewiss, dass es Gottes Kampf ist,
sei bereit, zu gehen,
gib, was du hast,
und du wirst Gottes Macht sehen.

Gott ist mit dir!

NACHWORT

Gott möchte, dass wir ein Leben in Kraft führen, ein Leben in vierfacher G-Kraft. Und dazu gibt es einen Vers in der Bibel, der sagt:

Die Freude am Herrn ist eure Stärke. Nehemia 8,10

Was nichts anderes heißt als: Ein Leben rund um die vier Bereiche Gott, Gemeinschaft, Gemeinde und den Kampf für Gerechtigkeit ist im Wesentlichen ein Leben voller Freude. Gut, vermutlich wirst du in deinem Leben nicht unentwegt fröhlich sein. Aber die Freude, von der hier die Rede ist, ist auch viel tiefer, grundlegender und bedeutungsvoller als ein Moment des Glücks. Denn: Gott durch seinen Sohn Jesus Christus als allmächtigen und allwissenden Schöpfer zu kennen, füllt das eigene Herz mit unbeschreiblicher Freude. Und wenn du dich in Gemeinschaft investierst, Zeit mit deiner Familie verbringst und Freundschaften pflegst, erfüllt das dein Herz mit Lachen. Und wenn du dich in einer Gemeindearbeit engagierst, die Gottes Liebe zum Ausdruck bringt und den Menschen dient, wirst du lebensverändernde Dinge sehen, von denen du nicht zu träumen wagtest. Und letztlich wird dich dein Einsatz für Gerechtigkeit mit der verheerenden Lage vieler notleidender Menschen konfrontieren, aber gleichzeitig erkennst du, dass es nicht schwer ist, einem Einzelnen Zukunft und Hoffnung zu schenken durch das, was du tust.

Jesus war in dieser Hinsicht ein Vorbild: Er liebte seinen Vater im Himmel, pflegte enge Freundschaften, war stets bereit, in den örtlichen Synagogen zu dienen und war motiviert, ungerechte Missstände aus der Welt zu schaffen, wohin er auch kam. All das geschah mit tiefer Freude. Eine Freude, die seinen Tag erstrahlen ließ, ihm Liebe für Jung und Alt schenkte und sein Tun bestimmte, ja durchdrang, und ihm Kraft gab. Egal, ob beim Wandern, Segeln, Predigen oder wenn es in brenzlige oder gefährliche Situationen ging. Jesus war stets ausgeglichen, präsent und fokussiert. Sein Leben war erfüllt – von und durch G-Kraft.

Wir wünschen dir, dass du darin Jesus immer ähnlicher wirst und ein von Freude erfülltes Leben erfährst, inmitten dieser vier „G". Auf dass du deine Bestimmung erreichst, um diese Welt durch Gottes Kraft zu verändern.

ANMERKUNG

Dieses Buch wurde von uns, Henk Stoorvogel und Theo van den Heuvel, verfasst. Ein paar Jahre zuvor haben wir bereits gemeinsam das Buch „Der vierte Musketier" geschrieben. Es erzählt (in Anlehnung an den Roman „Die drei Musketiere" von Alexandre Dumas) am Beispiel des vierten Musketiers D'Artagnan, wie dieser von zu Hause hinaus in die Welt aufbricht und eine Reise unternimmt. Wie er von einem Jungen zu einem Mann wird, von einem Gardisten zu einem Musketier am Hofe des Königs. Als Männer befinden wir uns alle auf eben einer solchen Reise. Jeder von uns unternimmt die Reise durchs Leben vom Jungen zum Mann. Unter anderem mit dem Wunsch, das eigene Leben in den Dienst Gottes, des Königs, zu stellen.

Mit dem Buch „G-Kraft" vertiefen wir uns unter anderem in die Grundwerte der Bewegung „Der 4te Musketier", die wir im Jahre 2008 in den Niederlanden gegründet haben. Mittlerweile hat sich die Bewegung in etliche Länder ausgebreitet und fordert viele Männer (und mittlerweile auch Frauen) heraus, ein Leben zu führen, das gestärkt ist durch eine Balance in den vier „G-Kraft"-Bereichen, die wir in diesem Buch beschreiben. Und wir erleben, wie Männer und Frauen am Fuße des Kreuzes knien, um ein von Gott verändertes Leben für sich in Anspruch zu nehmen, und wie im Kampf für Gerechtigkeit, mithilfe des Muskathlons, Spendengelder in Millionenhöhe für Hilfsorganisationen erzielt werden.

Es ist unser Gebet, dass auch dieses Buch für viele Männer und Frauen in der ganzen Welt ein Segen ist, auf ihrer Reise mit Gott.

Falls du mehr über die Bewegung „Der 4te Musketier" und die „Muskathlon"-Spendenläufe erfahren möchtest, dann besuche die entsprechende Internetseite:

Für Deutschland	Für die Schweiz
www.der4temusketier.de	*www.der4temusketier.ch*
www.muskathlon.de	*www.muskathlon.ch*

Henk Stoorvogel – CEO 4te Musketier International
Theo van den Heuvel – Vorsitzender des Aufsichtsrats 4te Musketier International

Leben im Dienst des Königs

„Ein Buch über typische
Themen männlicher Lebens-
führung, das durch gute
und sehr persönliche
Aufbereitung herausragt.
Uneingeschränkt
empfehlenswert!"

adam-online

Die Musketiere waren die Elitetruppe des Königs. Alles gaben
sie für seine Ehre. Einer für alle – alle für einen. Dabei sind die
Musketiere ein Spiegelbild männlicher Sehnsucht. Sie haben
das, was Männer oft vermissen. Sie verkörpern das, wonach
Männer suchen. Dieses Buch bestärkt Männer, ganz für ihren
König zu leben. Und es geht um Vaterschaft, Partnerschaft,
Freundschaft, um ein Leben aus dem Glauben heraus. Ein
Leben für Gott, für die Familie, für die Gemeinde, für
Gerechtigkeit.

 Stoorvogel / van den Heuvel • Der vierte Musketier
Gebunden • 288 Seiten • ISBN 978-3-86591-911-3

Verlagsgruppe Random House FSC® N001967
Das für dieses Buch verwendete FSC®-zertifizierte
Papier *Munken Premium Cream* liefert
Arctic Paper Munkedals AB, Schweden.

Die niederländische Originalausgabe erschien im Verlag Scholten Uitgeverij,
Zwolle unter dem Titel „G-Kracht".
© 2014 Scholten Uitgeverij, Zwolle
© der deutschen Ausgabe 2015 by Gerth Medien GmbH, Asslar,
in der Verlagsgruppe Random House GmbH, München

Die Bibelzitate wurden, wenn nicht anders angegeben,
folgender Übersetzung entnommen: Hoffnung für alle®,
Copyright © 1983, 1996, 2002 by Biblica Inc.®. Verwendet mit
freundlicher Genehmigung von 'fontis – Brunnen Basel.
Alle weiteren Rechte weltweit vorbehalten.
Weiterhin wurden folgende Bibelübersetzungen verwendet:
Lutherbibel, revidierter Text 1984, durchgesehene Ausgabe,
© 1999 Deutsche Bibelgesellschaft, Stuttgart. (LÜ)
Neues Leben, Die Bibel © 2002 und 2006
SCM-Verlag GmbH & Co. KG, Witten. (NL)

1. Auflage 2015
Bestell-Nr. 817076
ISBN: 978-3-95734-076-4

Umschlaggestaltung: Daniel Eschner
Satz: Vornehm Mediengestaltung, München
Druck und Verarbeitung: GGP Media GmbH, Pößneck
Printed in Germany